その心もちを汲んでくれる人、その心もちに触れてくれる人だけが、
子どもにとって、有り難い人、うれしい人である

倉橋 惣三「こころもち」『育ての心』

とびらのことば

倉橋惣三（1882 － 1955）はわが国の"幼児教育の父"と呼ばれています。東京女子高等師範学校附属幼稚園主事となり、日本の幼児教育の発展に尽くしました。主な著書に、『育ての心』『幼稚園真諦』『子供讃歌』などがあります。

…イメージを学びの翼に…

保育者論
──子どものかたわらに

【シリーズ知のゆりかご】

小川圭子 編

みらい

執筆者一覧（五十音順　○は編者）

○小川　圭子（大阪信愛学院大学）………………………… 第3章、第5章第4節

柏　　まり（佛教大学）……………………………………………………… 第12章

川村　高弘（神戸女子短期大学）…………………………………………… 第11章

栗岡あけみ（豊岡短期大学）………………………… 第5章第1節・第2節・第3節

久米裕紀子（武庫川女子大学短期大学部）………………… 第10章第1節・第2節

鎮　　朋子（梅花女子大学）………………………………………………… 第9章

永井　　毅（相愛大学）……………………… 第1章第1節、第2章第1節・第2節

中重　直俊（千里金蘭大学）………………………………………… 第1章第2節

服巻真須美（園田学園女子大学短期大学部）……………………………… 第8章

日坂歩都恵（兵庫大学短期大学部）………………………………… 第2章第3節

二見素雅子（元 大阪キリスト教短期大学）………………………………… 第6章

松本　千幸（松の実保育園）………………………………………………… 第7章

大和　晴行（武庫川女子大学）……………………………… 第10章第3節・第4節

和田真由美（姫路大学）……………………………………………………… 第4章

装丁：マサラタブラ
本文デザイン：エディット
イラスト：たきまゆみ

はじめに

　本書は、保育現場を経験した者が数多く執筆しています。つまり、「保育者の卵」である皆さんの先輩です。編者である私も幼稚園で20年、子どもたちとともに歩んできました。「えー、幼稚園の先生からどうして、大学の先生に…」と疑問をもつ人もいると思います。私を研究者へ導いてくれたのは、知的に障害のある雷太くん（仮名）との出会いがきっかけです。

　雷太くんは一日に何回もパンツに大便をもらし、私を悩ませていました。雷太くんが小学校に就学するまでに自分で大便の処理ができるようになるにはどうしたらいいのか、試行錯誤の日々でした。保護者と毎日記録を取り、保育者と保護者が一体となって取り組むことで、先の見えない事象に少しずつ見通しがもてるようになってきました。雷太くんは小学校入学前の３月には自分で処理ができるようになり、卒園しました。

　歳月が流れ、雷太くんと10年ぶりに再会したある日のことです。雷太くんは、障害のある子どもたちが主催のコンサートに来ていました。高校生になり背も高く凛々しくなった雷太くんに、私は「雷太くん、こんにちは」と声をかけました。びっくりしたのか、雷太くんは逃げるように走って行ってしまいました。「幼稚園時代のことだし、10年経っているし、忘れているのだわ」と一抹の寂しさが込みあがりました。しかし、走り去ったと思っていた雷太くんは、会場の一番後ろから私に向かって大きな声で叫んだのです。──「ぼくのせんせい」。

　10年の歳月が経った今も、私は雷太くんの先生であることを教えられました。雷太くんは自立しましたが、雷太くんとのかかわりを通して保育者としての喜びはもちろん、保育の達成感から私のなかに新しい世界が開けたこと、そして、夢中になれると人は伸びることを、保育実践から得ることができました。

　保育者は、子どもとのかかわり、保護者とのかかわり、地域とのかかわりなどの仕事があります。本書は多岐に渡り、身につけておく知識や技術を網羅しています。さらに、保育者として「カステラの心」４か条を大切にしています。「カ」は活発に、「ス」は素直に、「テ」はてきぱきと、「ラ」は楽観的に、つまり、人としてのあり方です。

　保育の醍醐味を味わっていただくために、本書は工夫を凝らしました。
① 討論・発表ができる、アクティブラーニングの課題を設定しました。
② 用語解説、コラム、図表を多用し、初学者にわかりやすい内容を構成しました。
③ 保育者の資質向上を図るため、キャリア形成の内容を豊富に取り上げました。
　最後に、出版に際して、関係者の皆さまのご尽力に、厚く御礼申し上げます。

2017年６月

　　　　　　　　　　　　　　　　　　　　　　編著者　小　川　圭　子

本書の使い方

・はじめにガイドのご紹介

このテキストの学びガイドの「ピー」と「ナナ」です。
2人はさまざまなところで登場します。
ひよこのピーはみなさんにいつも「子どもの声」が聞こえるように、
だるまのナナは学習でつまずいても「七転び八起き」してくれるようにと、
それぞれ願っています。2人をどうぞよろしく。

①イメージをもって学びをスタートしよう。

　章のはじまりの扉ページはウォーミングアップです。イメージを膨らませつつ、学びの内容の見通しをもって学習に入るとより効果的です。あなたならではの自由な連想を広げてみよう。

②ふりかえるクセをつけよう。

　紙面にメモ欄を設けています。思うように活用してください。

> 大切だと思ったことや感じたことを書き込んでください。あなたの学びの足跡となります。

ふりかえりメモ：

③自分から働きかけるアクティブな学びを意識しよう。

　本書の演習課題は「ホップ→ステップ→ジャンプ」の3ステップ形式です。このスモールステップを繰り返すことによって、アクティブラーニング（「主体的な学び」「対話的な学び」「深い学び」）の充実を目指します。

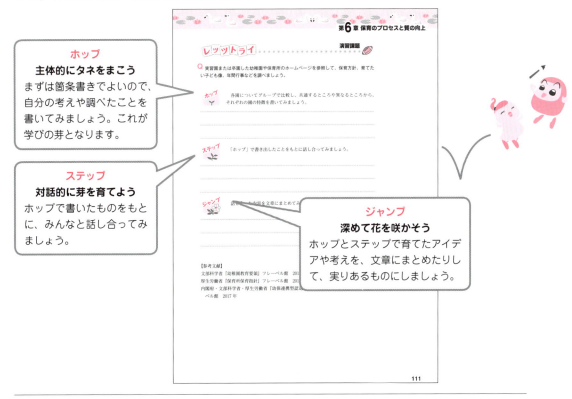

ホップ
主体的にタネをまこう
まずは箇条書きでよいので、自分の考えや調べたことを書いてみましょう。これが学びの芽となります。

ステップ
対話的に芽を育てよう
ホップで書いたものをもとに、みんなと話し合ってみましょう。

ジャンプ
深めて花を咲かそう
ホップとステップで育てたアイデアや考えを、文章にまとめたりして、実りあるものにしましょう。

●エピソード（事例）について

　本書に登場するエピソード（事例）は、実際の例をもとに再構成したフィクションです。登場する人物もすべて仮名です。

目　次

はじめに

本書の使い方

本書の構成の特徴
保育者の具体的な仕事をイメージしながら、その内容について解説していきます。

第1章　保育の日常と保育者になるための学び……………14

第1節　保育者の一日　16
第2節　保育者の制度的位置づけ――免許と資格　20
1．保育所と幼稚園、幼保連携型認定こども園の比較　20
2．保育者になるために　22

第2章　保育職とは………………………………………26

第1節　魅力的な保育者　28
1．魅力的な保育者とは　28
2．保護者と保育者　31
3．保育者同士のかかわり　32
4．保育者としての資質　32

第2節　子どもの発達に寄り添う　33
1．現代の子どもを取り巻く環境と保育者の役割　33
2．乳児の発達と保育者　34
3．幼児の発達と保育者　36

第3節　保育者としての倫理　37
1．保育者の言動の影響力　37
2．保育者の倫理観　39
3．全国保育士会倫理綱領　40

第3章　現在の保育にまつわる問題……………………44

第1節　少子化・待機児童問題　46
1．少子化の進行　46
2．待機児童問題　47

第2節　児童虐待　48
1．児童虐待の種類　48
2．保育所保育指針から読み解く　49

第3節　配慮を要する子どもへの理解と対応　50

1．特別な支援を必要とする子どもの現状　50

2．「子ども・子育て支援新制度」にみる特別な支援を必要とする子ども　51

第4節　貧困と多文化共生　52

1．子どもの貧困　52

2．多文化共生保育　53

第4章　保育者の役割を考える　56

第1節　保育士・幼稚園教諭・保育教諭の仕事　58

1．保育士の仕事　58

2．幼稚園教諭の仕事　60

3．保育教諭の仕事　62

第2節　保育者の職務内容　64

1．乳幼児の保育　64

2．諸表簿の作成および管理　65

3．環境整備と危機管理　65

4．延長保育やバスの乗車担当　65

5．保護者の支援　66

6．地域における子育て支援　66

第3節　初任者・中堅者・管理職の役割　66

1．初任者の役割　67

2．中堅者の役割　68

3．管理職の役割　69

第5章　専門家として子どもとかかわる　72

第1節　子どもの遊びと育ち　74

1．子どもにとっての遊びとは　74

2．子どもの遊びを中心とした総合的な保育　75

3．遊びと食育　77

第2節　保育者の専門性とは　78

1．養護と教育の一体性　78

2．保育者に求められる資質と能力　79

第3節　保育者の援助技術の向上と言葉がけ　84

1．発達援助力と生活援助力　84

2．保育環境構成力と遊びの展開力　85

　　　3．人間関係構築力と相談援助力　86

　第4節　保育の安全管理と危機管理　88

　　　1．子どもの事故　88

　　　2．災害への備え　90

　　　3．園内の職員の連携　90

第6章　保育のプロセスと質の向上……………………………… 92

　第1節　保育の計画　94

　　　1．なぜ保育には計画が必要なのか　94

　　　2．育てたい子ども像を共有する　96

　第2節　保育における省察──PDCAサイクル　99

　　　1．幼児の主体性と保育者の意図性　99

　　　2．保育を創造するプロセス　104

　第3節　記録と評価　106

　　　1．いろいろな記録　106

　　　2．就学前教育施設における評価　108

第7章　行事の意義と役割……………………………………… 112

　第1節　なぜ「行事」は必要か　114

　　　1．1年間のさまざまな行事について　114

　　　2．行事がもつ役割について　115

　第2節　保育者にとっての行事　116

　　　1．子どもと行事を通して向き合う　116

　　　2．保護者に行事を通して伝える　118

　　　3．園全体で協力して行事をすすめる　120

　第3節　子どもが育ちあう行事　123

第8章　保護者や家庭との連携………………………………… 126

　第1節　子どものより良い育ちのために　128

　　　1．現在の子育ての困難さと支援　128

　　　2．子育て支援の協働　128

　第2節　子育て支援のために求められる姿勢　130

1．受容——受けとめることと受け入れることの違い　131

2．傾聴——保護者の話を「聞く」だけでよい？　133

3．共感——見守りと監視の違い　133

第3節　園だより・クラスだより・連絡帳のあり方　135

1．園だより・クラスだより・連絡帳の目的　135

2．それぞれの技術と留意点　135

第9章　関連機関や地域との連携　140

第1節　幼稚園・保育所と小学校の連携　142

1．幼・保・小の連携の必要性　142

2．幼児期の望ましい子どもの育ち　142

3．連携の具体的な方法について　143

第2節　専門機関との連携——医療・保健・療育機関　144

1．専門機関との連携を考える　144

2．保育における主な連携先について　146

第3節　地域における子育て支援　148

1．保育の場を利用した子育て支援　149

2．家庭的保育者などの地域型保育事業との連携　150

第10章　「失敗」から学んでいく　152

第1節　ベテランと新人の違い——事例から考える　154

1．子どもと信頼関係を築くには　154

2．子どもの育ちを導く援助　156

第2節　職員間の連携、保育カンファレンス、同僚性　158

1．職員間の連携の大切さ　158

2．保育カンファレンス　159

3．同僚性は保育者の専門性の向上につながる　159

第3節　研修・研究など園内外での学び　160

1．失敗に向き合う心と保育者の主体的な学び　160

2．園内外における研修の大切さ　162

3．さまざまな研修と保育者のキャリア　163

第4節　苦情解決方法——より良い組織運営に向けて　164

1．苦情解決と協働　164

2．苦情解決の体制・対応　165

3．ともに悩むことのできる職員集団　166

第11章　保育者のライフデザインを考える……………… 168

第1節　保育者の就業状況　170
1．幼稚園と保育所で働く保育者数　170
2．男性保育者の割合の推移　171
3．保育者の平均年齢と勤続年数及び所定内給与額　171
4．保育者の離職理由について　172

第2節　保育者としてのライフデザイン　174
1．保育者のライフコースとキャリア　174
2．結婚・出産について　175

第3節　レジリエンスを培う　176
1．レジリエンスについて　176
2．保育者にとってのやりがい　177

第12章　これからの保育のために………………………… 180

第1節　先達の保育の実践から学ぶ──名言のあれこれ　182
1．世界の保育者から学ぶ　182
2．日本の保育者から学ぶ　183

第2節　より良い保育者像を目指して　184
1．理想の保育者像の基本　185
2．育ての心　187

第1章
保育の日常と保育者になるための学び

エクササイズ　　自由にイメージしてみてください

これからの自分の将来の姿をイメージし、それを「すごろく」にしてみましょう。

第 **1** 章 保育の日常と保育者になるための学び

この章のまとめ！

学びのロードマップ

- 第1節
  保育者は、日々どのような仕事を行っているのでしょうか。保育者のある1日の仕事の流れを見てみましょう。

- 第2節
  保育者には、おもに保育所で働く「保育士」、幼稚園で働く「幼稚園教諭」、認定こども園で働く「保育教諭」があります。それぞれ免許や資格が異なります。

この章の なるほど キーワード

■**キャリアデザイン**…自分の職業人生をどのように築くかというプラン設計のこと。

これからどんな保育者になりたいと思いますか。

第1節　保育者の1日

　保育者として、実際に、保育現場で働いたときの1日の流れを確認してみましょう。毎日、時間通りの保育ができるわけではありませんが、子どもたちが規則正しい生活を身につけ、安心で落ち着いた園生活を送るためには安定した日課が必要です。

表1-1　保育の1日の流れ

時間	生活のリズム	子どもの活動	保育者の援助
7：00	保育前の業務(1)		掃除・保育室の準備
8：00	登園(2)	挨拶、身辺整理	挨拶、身辺整理の援助(3)
9：00	朝の会(4)	絵本の読み聞かせなどを聴く	絵本の読み聞かせなど
9：30	午前の活動	設定された活動、自由遊び、手洗い・うがい	設定保育(5)、自由保育(6)、手洗い・うがいの援助(7)
12：00	昼食(8)	食事、歯磨き	食事の準備、歯磨きの援助(9)
13：00	午睡(10)	午睡（お昼寝）	会議(11)、連絡帳の記入(12)
15：00	起床	排泄、衣服の着脱	排泄・衣服の着脱の援助(13)
15：30	おやつ(14)	おやつ、歯磨き	おやつの準備
16：00	午後の活動	設定された活動、自由遊び	設定保育、自由保育
17：00	降園(15)	降園準備、降園	保護者への連絡・報告
18：00	保育後の業務(16)		事務作業、翌日の保育準備

注1）　幼稚園・保育所・認定こども園によって異なります。上記は保育所の1日の流れで、幼稚園は午睡がなく、子どもたちは通常1日4時間の保育で降園します。認定こども園は、幼稚園と保育所の保育時間が施設のなかで一体となっています。
注2）　参考としての大まかな表になりますので、園の保育方針によっても、時期によっても多少の違いがあります。

毎朝、園庭の環境を整えています。子どもたちが園庭に出る前に、安全を確認しています。

（1）保育前の業務

　保育者は、朝、出勤したら、まず子どもを受け入れる保育室の環境を整えます。気持ちよく登園できるように保育室を掃除するとともに、空気の入れ替えや、季節によっては温度調整をしたり、天候によっては、レインコート置きや傘たてを準備したり、さまざまな配慮をしていきます。また、その日の計画をイメージしながら、準備を万端にしたうえで、前日の引き継ぎや振り返りを今日の保育に活かせるようにします。

第1章 保育の日常と保育者になるための学び

（2）登園

登園時、子どもと保護者との1日は笑顔の挨拶で始まります。保育者が元気に迎え入れてくれることは、とても気持ちのよいものです。この時、子どもの表情や体調を、目と目を合わせてしっかりと診て、声をかけて登園時の状態を確認することが重要です。保護者からも家での様子をしっかり聞き取ります。

登園してくる子どもに笑顔で挨拶をして、しっかりと診ます。子どもの様子は毎日違います。

（3）身辺整理の援助

子どもは、登園すると自分の荷物をロッカーに入れ、手拭きタオルやコップなど私物を定位置にセットします。乳児は、保護者が行うことが多いですが、徐々に自分のことは自分でできるようになります。保育者は、声かけなどをして意欲が高まるように、手伝いすぎず、「○○ちゃん、朝の準備（身辺整理）したら一緒に積み木しようか」などと次に楽しい活動が待っていることを期待し、今何をするべきか気づけるような声かけをすることで、指示語を使わず主体的に行動できるように援助していきます。

（4）朝の会

登園時にも一人一人の子どもの様子を見ますが、保育者は朝の会でクラス全員を集めて心身ともに元気かどうかを確認します。朝の会などの集まりは、絵本を読んだり歌をうたったり、手遊びをしたり、楽しい雰囲気で園の生活を始めることが大切です。また、この時にクラス全員に季節の変化や今日の予定などを伝えます。幼児になると、子どもたちがクラス全員の前で話したり発表したりする機会を作り、自分の思いや意見を頭のなかで構成して発表することに慣れるようにしていきます。

（5）設定保育

保育者は明確な「ねらい」をもって保育実践を行います。自然物を使って季節を感じる製作物を作ったり、クラス全員でごっこ遊びをしたり、楽器を使った音遊びをしたり、運動遊びをしたりとさまざまな活動があります。そのなかで子どもたちの成長を促し、将来への可能性の芽を育てていくのです。この時保育者は、5領域を考慮したうえで、子どもの発達に応じた活動を設定し保育を計画していきます。

（6）自由保育

子どもにとっての生活の中心は自発的な遊びです。この遊びのなかで、さまざまな経験をすることが、学びや多岐にわたる成長につながります。保育

者は、子ども一人一人が自ら選んだ好きな遊びに没頭できるよう、人的環境と物的環境を整えることが大切です。また、自分が使った遊具などは責任をもって片づけることや、種類ごとに整理することもしっかり伝えます。

（7）手洗い・うがいの援助

トイレ後や食事の前だけではなく、外遊びからの入室時に、手洗い・うがいをする習慣をつけるよう、子どもたちにうながします。特に冬期の風邪やインフルエンザなどが流行するころには、念入りに自己管理することを伝えることは、自分の体は自分で守るといった自覚にもつながります。

3歳児の保育室の手洗いです。手の洗い方を絵で示し、保育者も一緒に手を洗ってみせることもあります。

また、子どもが手洗い場を使う際、「順序よく並ぶこと」や、「水を出し過ぎず節約すること」など、ただ決まりごとを教えるだけではありません。年齢に応じて、「並んでるのに横入りされたら、どんな気持ちになるかな」「大切な水を出しっぱなしにしたら、プールで使うときに出なくなるかもよ」などと人の気持ちや限りある資源のことを考える機会を与え、なぜそうすることが大切なのかを伝え、子どもが自分で考えて行動できるよう、保育者は言葉がけに心を配ります。

（8）昼食

昼食は、園によって給食や持参弁当とさまざまです。給食の場合は、アレルギー体質の園児の除去食に注意して準備を行います。また、食事をする様子は子どもの健康をチェックする目安にもなるので、午前の活動で体調を崩して、いつもより食欲がない子どもがいないかなどを確認します。

そして、なによりおいしさを共感し、和やかにクラスのみんなと食べる食事は、体だけでなく心の栄養にもなります。子どもたちが楽しいながらも落ち着いた雰囲気のなかで食事がとれるように心がけます。

（9）歯磨きの援助

歯磨きを園で始める時期は園によってさまざまですが、手洗い・うがいと同じように、子どもが自分の歯を自分で守り、虫歯にならないためには今何をすべきか、自分で考えて歯磨きができるように習慣を作っていきましょう。「歯の中にばい菌が住んじゃって、虫歯になったら痛いよ」などと虫歯になった時のことを子どもがイメージできるような言葉がけも必要です。幼児期に身につけた生活習慣は就学後にもつながっていきます。

第 1 章 保育の日常と保育者になるための学び

(10) 午睡（お昼寝）

保育所は、保育時間が一日中なので、子どもの年齢に応じた昼寝の時間を設定し、休憩をとります。保育者は、特に0歳児の午睡管理は「乳幼児突然死症候群（SIDS）」に注意し、定期的に一人一人寝ている子どもの様子を確認することが重要です。

(11) 会議

園にもよりますが、保育所では午睡中に、幼稚園では降園後にクラス会議や学年会議、園全体の運営会議を行います。その会議では、その日の子どもの様子や今後の保育の方針など同じクラスの担任同士で意識の共有を行います。日ごろから、コミュニケーションをとって担任同士で意思疎通ができていることは、クラスの運営や子どもも含めた保育の雰囲気につながるために大切です。

> 毎月の職員会議のほかに、ケース会議や担任の話し合い、行事担当者会議などがあります。

(12) 連絡帳の記入

園によってやり方はさまざまですが、保育者はその日の子どもの様子や伝えておきたいことなどを連絡帳やお便りに書いて保護者に渡します。降園時に、一人一人の保護者とゆっくり話ができることが理想ですが、時間が取れない場合が多々あります。連絡帳は、子どもの様子を伝え合う大切なツールです。家庭や園での子どもの成長を喜び合ったり、子育ての相談にのったりすることで、保育者と保護者との信頼関係が築かれていきます。

(13) 排泄・衣服の着脱の援助

午睡前や午睡明けに子どもに排泄を促す生活リズムを作っていくと、健康的な排泄リズムにつながります。排泄物の色や形で子どもの体調を確認することも大切です。起床時に寝汗の多い乳幼児は着替えをします。着脱は、子どもが自分でできるところは自分で行い、保育者は困難な部分だけ手伝うようにして、「○○ちゃんがんばっているところ、見てるからね」「ボタン、自分でとめられたね」と自分で着脱を達成する喜びに共感して主体的な生活習慣を身につけるようにすることが大切です。室内は、子どもが昼寝から起床→パンツなどの着脱→排泄→手洗いのように子どもの動線に合った環境構成が望ましいです。

> 制服の一番上のボタンをかけるのは難しいのですが、保育者と一緒に経験を重ねていきます。

(14) おやつ

おやつは、子どもが成長期でありながらも消化能力が未熟なため、朝昼晩

の食事では補いきれない栄養を第四の食事として補助する意味も含まれています。保育者は、昼食と同様に子どもの体調確認とともに、和やかな雰囲気のなか、楽しんで食べられるようにします。

(15) 降園

　子どもが元気な姿で降園できることが理想ですが、もし保育中にけんかをしたり、体調が悪くなってしまったりしたら、保育者は保護者に園での様子を詳細に伝えることが信頼関係につながります。また、子どもがその一日にがんばったことや友だちとの遊びの様子などを伝える機会をもつことが大切です。降園時に直接伝えることができればよいのですが、クラス全員にゆっくり話をすることは困難です。そこで、連絡ノートやクラスだより、ホームページなどで子どもの様子を伝え、子どもの成長をともに喜ぶことが子育て支援につながります。

(16) 保育後の業務

　保育者は、保育室の掃除や片づけ・整理を行い、次の日も子どもたちが気持ちよく登園できるようにします。そして、その日の保育を振り返り、日々の保育が一過性で終わることなく、子どもたちの成長や活動が明日につながっていることを意識しながら保育準備をしていくことが大切です。保育所では、保育時間が勤務時間であることが多いので、保育準備や保育記録などの事務作業は、午睡時に行う園もあります。

保育が終わった後、机やいすを片づけ、室内を清掃します。また、翌日のために環境を整えます。

第2節　保育者の制度的位置づけ　——免許と資格

　保育者とは、広義には乳幼児の保育・教育にかかわるすべての人のことをいい、狭義には「幼稚園や保育所で直接的に子どもの保育にたずさわるもの」[1] のことをいいます。保育者について知るために、所轄や法令などから確認してみましょう。

1. 保育所と幼稚園、幼保連携型認定こども園の比較

(1) 管轄省庁と法的位置づけ

　保育所と幼稚園の根本的な違いは、それぞれを管轄する省庁が異なること

です。保育所は厚生労働省、幼稚園は文部科学省、幼保連携型認定こども園は、内閣府・厚生労働省・文部科学省が管轄しています。なぜこのように管轄省庁が異なっているのかというと、それぞれの施設を定義する法律が異なっているためです。

①保育所：保育所は、「児童福祉法」（39条）の「保育を行うことを目的とする施設」という規定にもとづいて設置される児童福祉施設の一つです。小学校就学前の乳幼児を、保護者の委託を受けて保育することを目的としています。

②幼稚園：幼稚園は、「学校教育法」に定められた「学校」です。「幼児を保育し、適当な環境を与えて、その心身の発達を助長することを目的（学校教育法第22条）としています。小学校や中学校、高校、大学なども同じ「学校」ですが、小中学校のような義務教育機関ではありません。満3歳から小学校就学の年の満6歳になるまでの幼児に入園資格があります。

③認定こども園：幼稚園と保育所が組み合わさったもので、学校及び児童福祉施設として法的に位置づけられています。幼保連携型認定こども園に関する規定は「児童福祉法」と「学校教育法」から引き抜かれ、「認定こども園法」に一本化されています。その目的として、すべての子どもに幼児期の学校教育（幼稚園機能）と保育の必要な子どもの保育（保育所機能）を一体的に行うことと、すべての子育て家庭を対象に子育て支援を提供することがあげられています。

（2）教育・保育内容の基準と時間

　保育・教育内容の基準は、保育所は「保育所保育指針」、幼稚園は「幼稚園教育要領」、幼保連携型認定こども園は「幼保連携型認定こども園教育・保育要領」によっています。この3つはいずれも「環境を通して教育・保育」を行うことを基本とし、「ねらい」や「内容」についても、同じく5領域から構成されています。幼稚園では、教育的なイメージが強く、保育所は養護や生活のイメージがありますが、保育所も幼稚園も認定こども園も同じ「幼児教育」を担う施設です。

　また、保育時間については、保育所は8時間を原則にしており、幼稚園は4時間を標準としています。幼保連携型認定こども園では、保育認定の子どもに対する保育を適切に提供できるよう地域の実情に応じて、保育所同様に11時間の開園、土曜日の開園をしています。最近では、幼稚園でも長時間の預かり保育を行っており、生命の保持や情緒の安定といった養護の視点からの保育も必要となっています。

表1-2 保育所と幼稚園と幼保連携型認定こども園との比較

施設名	保育所	幼稚園	幼保連携型認定こども園
管轄省庁	厚生労働省	文部科学省	内閣府・文部科学省・厚生労働省
根拠法令	児童福祉法(第39条)	学校教育法(第22条)	就学前の子どもに関する教育、保育等の総合的な提供の推進に関する法律（認定こども園法［第2条第7項］）
法的位置づけ	児童福祉施設	学校	学校及び児童福祉施設としての法的位置づけをもつ単一の施設
対象	乳児から小学校就学までの幼児	満3歳から小学校就学の始期に達するまでの幼児	すべての子どもに、教育・保育を一体的に行う。すべての子育て家庭を対象に子育て支援を提供する
設置・運営の基準	児童福祉施設の設備及び運営に関する基準	学校教育法施行規則（第36～39条）幼稚園設置基準	幼保連携型認定こども園の学級の編制、職員、設備及び運営に関する基準
教育・保育内容の基準	保育所保育指針	幼稚園教育要領	幼保連携型認定こども園教育・保育要領
1日の教育・保育時間	原則として8時間延長保育や夜間保育もある	4時間（標準）預かり保育も実施している	4時間利用にも11時間利用にも対応
教員等の資格	保育士資格	幼稚園教諭免許状	保育士資格、幼稚園教諭免許状の両方をもった保育教諭（当分の間はどちらか一方で可）
職員配置基準	0歳児　　　3:1 1・2歳児　6:1 3歳児　　　20:1 4・5歳児　30:1	1学級当たり幼児35人以下 各学級専任の教諭1人以上	1学級当たりの園児（満3歳以上）35人以下、 各学級専任保育教諭1人以上 0歳児　3:1、1・2歳児　6:1 3歳児　20:1、4・5歳児30:1

出典：森上史朗『最新保育資料集2016』2016年および内閣府「子ども・子育て支援新制度」ホームページ（http://www.cao.go.jp/shoushi/shinseido/faq/pdf/jigyousya/handbook4.pdf、http://www.cao.go.jp/shoushi/shinseido/law/index.html）を参考に筆者作成

2. 保育者になるために

「子どもが好き」という理由で、保育者を目指している人は多いのではないでしょうか。しかし、「子どもが好き」だけでは保育者にはなれません。その思いをもとに、保育者として必要な理論や実技、実習での経験などを積み上げ、資格・免許を取得していきましょう。

(1) 保育士資格の取得方法

保育士資格は、2003（平成15）年から国家資格となりました。都道府県知事より保育士登録証を交付されることで「保育士」として勤務することができます。保育士になるには、次の2通りの方法があります。

一つは、保育士養成校（厚生労働大臣指定の保育士の資格を取得することのできる大学・短期大学・専門学校等）で所定の単位を取得し、保育士資格を取得する方法です。入学後、定められた年数の間在籍し、保育実習・施設実習を含む所定の単位（現行では、68単位）を修めれば、卒業と同時に保

育士となる資格を有することができます。

　もう一つは、国家試験である保育士試験に合格する方法です。保育士試験は、社団法人全国保育士養成協議会が、全国都道府県の保育士試験指定機関として全国的な規模で実施しています。受験資格として、短期大学卒業程度が必要です。保育士試験では、保育原理や保育の心理学など8科目の筆記試験があり、音楽・絵画製作・言語などの実技試験もあります。

（2）幼稚園教諭免許状の取得方法

　幼稚園教諭免許状については「教育職員免許法」に規定されています。幼稚園の先生になるには、取得したい免許状に対応した教職課程のある大学・短期大学等に入学し、法令で定められた科目及び単位、教育実習を修得して卒業した後、各都道府県教育委員会に教員免許状の授与を申請し、「幼稚園教諭免許状」を取得しなければなりません。

　保育士資格と異なる点は、免許状の種類があることです。幼稚園教諭免許状については、短大・大学・大学院を卒業することで、それぞれ二種免許状・一種免許状・専修免許状を取得できます。二種免許状を有する者は、一種免許状を取得するよう努めなければならないことが、教育職員免許法第9条の5に書かれています。

　なお、教員免許状は授与から10年を経過すると、その年度の末日で効力が失われてしまいますので、10年ごとに免許状を更新しなければなりません。免許状更新は、所定の課程による30時間以上の受講と試験による認定を受けることで更新されます。

　また、保育士資格・幼稚園教諭免許状は、取得せずに卒業してしまった場合でも、卒業した学校や他の機関で不足の単位を取得し認められれば、資格・免許状の取得が可能です。

（3）保育教諭になるには

　「幼保連携型認定こども園」に勤務する保育者を、「保育教諭」とよびます。平成27年度から始まった子ども・子育て支援新制度によるもので、保育教諭になるには、原則として幼稚園教諭免許状と保育士資格の両方の取得が必要となります。よって、幼保連携型認定こども園の先生になるには、幼稚園教諭免許状と保育士資格の両方を意識して学ぶことが必要です。

　ただし、2012（平成24）年の改正認定こども園法[*1]の施行後5年間は、経過措置により、幼稚園教諭免許状または保育士資格のどちらかを有していれば保育教諭になることができるとされています。平成33年度以降には、両方の免許状・資格をもっていることが保育教諭の必須条件となっています。

[*1] 認定こども園法について、詳しくは、第4章の第3節（62ページ）を参照。

　したがって、保育所と幼稚園の機能をあわせもった認定こども園では、幼稚園と保育所両方の専門性が必要になります。幼稚園と保育所を比べると、たとえば、幼稚園では園バスを利用する園が多く保育者が添乗することがあり、保育所では午睡や授乳などさまざまな生活の場面へのかかわりがあるなど、仕事内容に違いがあります。保育教諭を目指す学生には、そのような違いを意識しつつ、共通して大切なことを学び、資格・免許の取得を目指していくことが求められます。

 演習課題

Q「表1−1　保育の1日の流れ」を見て、子どもと保育者のかかわりについて、気づいたことや思ったことを箇条書きにしてみましょう。

ホップ　自分の感じたことや思ったことを箇条書きで書き出してみましょう。

....

....

....

ステップ　「ホップ」で書き出したことをもとに話し合ってみましょう。

....

....

....

ジャンプ　話し合った内容を文章にまとめてみましょう。

....

....

....

第1章 保育の日常と保育者になるための学び

【引用文献】
1）森上史朗・柏女霊峰編『保育用語辞典［第7版］』ミネルヴァ書房　2013年

【参考文献】
田中まさ子『保育者論』みらい　2012年
森上史朗・柏女霊峰編『保育用語辞典［第7版］』ミネルヴァ書房　2013年
森上史朗『最新保育資料集2016』ミネルヴァ書房　2016年
内閣府子ども・子育て支援新制度ホームページ
http://www.cao.go.jp/shoushi/shinseido/faq/pdf/jigyousya/handbook4.pdf
http://www.cao.go.jp/shoushi/shinseido/law/index.html

第2章
保育職とは

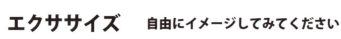 **エクササイズ**　　自由にイメージしてみてください

あなたにとっての「魅力的な保育者」とは、どのような保育者なのか考えてみましょう。

第2章 保育職とは

この章のまとめ！
学びのロードマップ

- 第1節
  保育者にとって大切なことは、子どもの気持ちに寄り添うこと。過保護なやさしさではなく子どもの成長を見通した本当の「やさしさ」をもつことです。そのような保育者が子どもの「生きる力」や自己肯定感を育みます。

- 第2節
  乳幼児期は人とかかわる力を作るうえで重要な時期です。1歳ごろから自我が芽生え始め、3歳ごろから集団生活のなかで友だちとぶつかったりしながら、コミュニケーション能力を伸ばしていきます。

- 第3節
  スマートフォンでのSNSの投稿など、なにげない行動が保育者としての倫理にかかわる場合があることを理解しましょう。

この章の なるほど キーワード

■**自己肯定感**…自分は大切な存在だと自分の存在価値を肯定的に感じられること。

ありのままの自分で大丈夫！
自信をもとう。

第1節　魅力的な保育者

1. 魅力的な保育者とは

　子どもたちにとって魅力的な保育者とは、どのような人でしょうか。ピアノや絵を描くのが上手な先生でしょうか。確かに得意なことがある先生は素敵で、子どもたちもあこがれることでしょう。しかし、保育者にとって本当に大切なことは、子ども一人一人の心に寄り添い、発達に見通しをもって保育することです。

（1）感動の体験を共有する

 エピソード（1）　「泥だんご作り」（3歳児）

> 　ユイちゃんが、園庭の端で泥だんご作りをしています。小さな手で何度も丹念にサラ砂をかけてできあがったまん丸の泥だんごを「ほら見て！ピッカピカ〜」と保育者に見せました。「わあ！本当にピカピカでまん丸にできたね！　ユイちゃんは泥だんご名人やな」と感心して「先生も一緒に作りたくなってきた」とユイちゃんの横に並んで作り始めました。「こっちのサラ砂のほうがピカピカになるよ！」と自信満々に教えてくれるユイちゃんです。そこにさらに3人の園児が加わって、みんなで泥だんご作りに熱中しました。

　エピソード(1)のユイちゃんは普段一人で遊ぶことが多いのですが、最後は他児と一緒に泥だんご作りを楽しんでいます。保育者のかかわりとしては、まずユイちゃんの得意な泥だんごに共感しています。ユイちゃんは「泥だんご名人やな」とほめられたことで、誇らしい自分を感じています。さらに保育者と一緒に大好きな遊びをすることで、自分の居場所を作るとともに自分の得意なことを教えてあげることで、自信をもって他者とかかわれるようになっていきました。また、保育者も子ども一人一人の性格などを把握したうえで橋渡し役となって、子ども同士がかかわりをもつ機会を作っています。
　つねに子どもの傍にいる保育者だからこそ、さまざまなことに共感することができます。子どもにとって、なわとびや泥だんご作りなど今までできなかったことが、できてうれしい気持ちでいる時に自分のことのように喜んでくれたり、できなくてくやしかったり、友だちとけんかして悲しい気持ちの時に寄り添ってくれる保育者の存在はかけがえのないものになります。また、

友だちや保育者と一緒に遊ぶなかで、楽しい時に心から笑い合ったり、飼育物が死んでしまった時に一緒に悲しんだり、園でのさまざまな活動に保育者自身が全力でかかわることで、子どもはかけがえのない充実感を得ることができ、その重要さも伝わります。

　このように喜怒哀楽を心から共感し合う人とのつながりが、なにものにも代えがたい思い出となります。この心に温かく刻み込まれた思い出をもとに、卒園後の子どもにとっては、園や保育者が心のふるさとになっていくのです。

エピソード (2) 「よくがんばった！」（2歳児）

> ユウトくんが、園庭で走っていて転んでしまいました。近くで見ていた保育者は「ユウトくん大丈夫？」と声をかけました。ユウトくんは、保育者のほうをチラチラとうかがいながら転んだまま起き上がろうとしません。「ユウトくん、自分で起き上がっておいで！」という保育者の声に、ユウトくんは起き上がって保育者のもとまで来ました。保育者は「よくがんばって自分で立ったね。えらい！」といって抱きしめました。ユウトくんは、嬉しそうに満面の笑みを浮かべました。

　エピソード(2)で保育者は、しっかりユウトくんの様子を確認したうえで、けがにつながるような転び方ではなかったと判断しました。そして、抱き起こしてくれることを、寝たまま待っているユウトくんに、保育者は「自分の力で起き上がって欲しい」という自立の成長を期待しています。毎回、抱き起こしていたのでは、大人に依存してしまうことになります。この時、ユウトくんは、自分で起き上がり保育者にほめてもらい、抱きしめてもらうことで、大きな成長と自信につながる喜びを得ることになったのです。

　幼児であれば、わからないことを大人がすぐ教えてしまうのではなく、自分で考える機会を与えたり、少しだけ難しい課題を用意したりすることで忍耐強く問題を解決する力を育んでいきます。大きすぎない困難を主体的に乗り越える経験は、子どもたちの「生きる力」としての心や体、考える力を成長させていきます。過保護なやさしさではなく「ボタンがとめられる子どもにはできるだけ手伝わず、待つ時間を多くもつ」「子どもが知らない虫の名前を聞いてきたら、図鑑などで調べてみるように促してみる」などと、乳幼児が年齢に応じた困難を乗り越えた時に成長するということを見通した本当のやさしさが、保育者には必要なのです。

　保育者として、やさしさは必要不可欠です。しかし、大人への依存を助長してしまうような、過保護なやさしさは子どもの自立の妨げになることもあ

ります。ただし、対象児の年齢や性格、その時の気持ちの状態によっては無理をさせないほうがよい場合もあります。

（2）愛着を形成する

> **エピソード (3) 手遊び（0歳児）**
>
> ユウナちゃんは「いっぽんばしこちょこちょ」という手遊びが大好きです。大好きな担任の保育者がひざにユウナちゃんを乗せて人差し指を立てて「いっぽんばし…」と歌い始めると嬉しそうに笑います。さらに、「かいだんのぼって…こちょこちょこちょ～」で大笑いです。そして「あー。あー」ともう一回やってとおねだりするユウナちゃんです。

エピソード(3)では、保育者がやさしい歌と触れ合いのなかで繰り返し子どもとかかわることで、安心感や期待感など、楽しい雰囲気の充実した関係ができあがっていることがわかります。0歳児は、手遊びを通して保育者との間に愛着を形成しています。なにげない遊びを通して、聴覚・視覚・触覚などが刺激され、脳・体・心の発達を促すとともに、人とのかかわりの基盤を育てているのです。

乳児は生活において自分をあやしてくれたり、おしめを交換してくれたり、ミルクや食事を食べさせてくれたり、楽しく遊んでくれたりすることで、信頼関係のもとに、親やかかわりの多い保育者に愛着を形成していきます。この時大切なことは、しっかり子どもの目を見て温かな笑顔と声で保育者の体温としての温もりが感じられるようなスキンシップをたっぷりとることです。愛着が生まれるとともに、子どもは探索行動として保育者から離れて行動しますが、それは心と心がつながっている「少し離れても、ちゃんと自分のことを見守ってくれている」という信頼関係があるからこそできることです。子どもが好奇心をいっぱいにして発見した喜びに、保育者が共感することで感受性や探究心が育っていきます。

（3）生きる力を育てる

幼児になると、子どもは保育者との信頼関係をもとにして、子ども同士の関係をもつようになります。このような人とのかかわりを通して、身体的・知的、そして情緒的に発達していきます。保育者は、この発達を幼児の内面にある心情や意欲、態度につなげていきます。そして、自ら課題を見つけ、主体的に問題を解決する資質や能力・豊かな人間性・コミュニケーショ

ン能力・たくましく生きるための健康や体力などの「生きる力*1」が、就学後や将来の人格の土台になっていきます。特に、人とかかわる力には、他者を理解する力や自己抑制などの非認知的能力*2が必要です。乳児期には、未熟であった言葉を徐々に使いこなし、自己表現できるようになってきます。しかし、自分の言いたいことや思い通りにならないことも、保育集団のなかで経験していきます。遊びなどのなかで、友だちに思いが伝わらない、相手の気持ちがわからないなどの葛藤を体験していきます。保育者は、子どもたちがお互いに自分の思いを言葉で表現したり、相手の気持ちを理解したりする機会を保育のなかに多く作ります。人とのかかわりを得意とする子どもがいれば、苦手な子どももいます。一人一人に合わせて、特に苦手な子どもには人とかかわることが楽しいと感じられるように保育者が仲介に入ることも大切です。

（4）自己肯定感を育てる

保育者は、乳児・幼児問わず、温かく見守ってくれていると信じることができる信頼関係を築き、「子どもの心のよりどころ」になることが大切です。そのためには「できた、できない」などの結果ではなく、取り組んだこと自体の過程や意欲を認め、ほめる機会を増やし、子どもの自信につながるようにしていくことです。このように、子どもが保育者や仲間に「ありのままの自分」を受け入れられることで、自己肯定感を育んでいきます。

2. 保護者と保育者

保育者は、子どもの保育をするだけではなく、保護者とのかかわりも大切な役割です。まずは、清潔感のある服装・髪型、そして明るく元気な表情と声で登園降園時に接することで、気持ちよく話しやすい印象を作ることです。家庭や保護者のもつ事情はさまざまで、核家族化から自分の親に頼ることもできず、子育て不安やストレスを抱える母親も少なくありません。保護者の思いを受けとめながら話に真剣に耳を傾けることで、信頼関係が築かれていきます。このような関係性をもとに、保護者を支援することで子育て不安や悩みが軽減されれば、家庭での子育てに良い影響をもたらします。具体的には、登園時に家での子どもの様子を聞いたり、連絡帳、お便りや降園時に園での子どもの様子を伝えることで、子どもの成長をともに喜び合うことができます。保護者自身のことも、その子どものことにも親身になって傾聴して、園と家庭がお互いに協力しともに子どもを育てていると感じられる保育者の存在は、必死に子育てしている保護者の心の支えになります。

---

*1 次代を担う子どもたちにとって将来の職業や生活を見通して、社会において自立的に生きるために必要とされる力（中央教育審議会答申：平成20年1月17日）。

*2 目標や意欲、興味・関心をもち、粘り強く仲間と協調して取り組みながら学びに向かう力や姿勢[1]。

> 幼児期になると社会性や道徳性などの善悪の判断や規範意識を育てていく必要もあります。そのためには、大人として保育者は子どもたちの手本（モデル）になるような言動を意識することが望まれます。

3. 保育者同士のかかわり

　本書を読んでいるみなさんは、卒業し保育者になれば、1年目の新任保育者として保育現場に立つことになります。実際に保育者となり担任として子どもたちを目の前にしたとき、責任の重さや不安にかられることもあるでしょう。養成校で学んだことだけでは補いきれないこともたくさん出てくるかもしれません。まずは、保育現場に慣れていくことが大切です。そして、少しずつ同僚の保育者や主任、園長などとの信頼関係を築いていくことです。そのためには、目の前の仕事にていねいに取り組み、新任として素直で積極的であることが望まれます。就職してしばらくは先輩保育士から指導を受けることがたびたびで気がめいるかもしれませんが、保育者としてのスキルアップのための助言として真摯な態度で受け止めることが大切です。また、自己の健康管理をしっかりしておくことも必要です。誰に対してもいつも元気な笑顔で接することや挨拶することが、子どもや保護者だけでなく職員間のかかわりにも大きく影響することを意識しておきましょう。

4. 保育者としての資質

(1) 子どもの育ちを見通す力

　一般の人からみると、保育者は園でただ子どもたちと生活したり、遊んだりしているだけの仕事であると誤解されているところがあります。しかし、みなさんが国家資格としての保育士資格や幼稚園教諭免許状を手にして保育の場に就職したときには、保育の専門職としてのプロフェッショナルであることをしっかり意識する必要があります。保育者は、ただの子守りではなく、子どもの発達を理解したうえで、子どもたちを未来に導いていく誇れる仕事であること、子どもの日々の育ちに喜びを感じられるすばらしい瞬間に立ち合える仕事だということを実感してほしいと願っています。

　「樹木にとって最も大切なものは何かと問うたら、それは果実だと誰もが答えるだろう。しかし、実際には種なのだ」という言葉があります（哲学者のニーチェ）。解釈はさまざまですが、保育に置き換えて考えてみましょう。つい大人は子どもが「できるようになる」という成果（果実）や行事を成功させるという結果を意識してしまいがちです。本当に大切なのは、子どもがその活動で、心身ともにどのように成長したか（種）という点にあります。その成長（種）が次の取り組みとして子どもの明日や将来にどうつながっていくかを見通すことが、保育の真髄なのではないでしょうか。

（2）個と集団を把握する力

「木を見て森を見ず」ということわざがあります。一部分だけを見て全体が見えていない状態をいいますが、保育者は「木を見て森を見る。そして、森を見て木を見る」ことが大切です。

たとえば、2歳児クラスの保育者は、1人で6人の子どもを担当します。そして、室内での自由遊びで、目の前の子どもと一緒に積み木で遊んでいたとします。その隣でブロックの取り合いでかみつきが起こりそうであれば未然に防ぎ、少し離れたところでパズルや粘土で机上遊びをしている子どもにも意識を向ける必要があります。全体に気を配りながらも、目の前の子どもとも共感をもとに充実した遊びを繰り広げていきましょう。

また、思っていてもうまく言葉にできなかったり、行動に起こせなかったりと、さまざまな子どもがいます。保育者は、姿や言葉などから見えることや聞こえることだけではなく、子どもの言葉にはならない心の声に気づき、その子どもの思いに寄り添うことが大切なのです。

第2節　子どもの発達に寄り添う

1. 現代の子どもを取り巻く環境と保育者の役割

 エピソード（4）　スマートフォンが子守り（1歳児）

> これは、ある喫茶店での衝撃的な出来事です。まだ、1歳になるかならないかの子どもがスマートフォンをさわっていました。初めは、母親のスマホにイタズラしているのかと思いましたが、キャッキャと笑いながら長時間しっかりと操作しています。母親は友だちと2人で夢中になっておしゃべりを楽しんでいます。これが、2時間近く続きました。

スマートフォン、タブレット、テレビなどのデジタル機器に子守りをさせている親が増えているのが現状です。音や視覚的な変化に興味をもつ乳幼児は、触れることによって映像が変化したり、音が鳴ったり、振動したりするデジタル機器に夢中になります。しかし、人や物事との直接的なかかわりが大切な時期に、乳児がデジタル画面に長く向き合うなどの間接体験が増える

ことは、発達に大きな影響を及ぼします。

　人間は一人で育つことはできません。さまざまな人とのかかわりのなかで、心も体も成長させていきます。特に乳幼児期は、人とかかわる力、思考力、生きる力、自己肯定感、運動能力などの土台を作るうえでも重要な経験をする時期です。しかし、子どもたちを取り巻く現状は、大きく変化しています。核家族化や地域の人のかかわりの希薄化により、かつての日本にあったような、地域で子どもを見守り育てていく社会は衰退しています。核家族であることで、自分の親に子育てのサポートや相談ができない母親が増えています。子育てにストレスを抱える親は、虐待や子育て放棄などのリスクを抱える場合があります。逆に、少子化により家庭において一人の子どもに過剰なかかわり方をすることで、過保護や過干渉になる親が増えています。親が子どもの身のまわりの世話を過剰にしてしまうことで、自立できない子どもを育ててしまう傾向にあるのです。

2. 乳児の発達と保育者

（1）人とのかかわりの始まり

　個人差はありますが、乳児は3か月ごろから人の顔を見た時に笑顔で応えるようになります。人に向けた笑顔という意味で、このころからの笑顔を「社会的微笑*3」とよびます。こうして人とのかかわりが始まり、少しずつですが、親とその他の人との区別ができるようになってきます。この区別する力が、さらに発達すると、8か月ごろをピークに知らない人の顔を見ると笑わなくなったり、泣いたりします。これが「人見知り」で、親に対する愛情が大きく育ったことの裏返しです。このように、赤ちゃんは、心地よい状態や安心感をもたらしてくれる親などの養育者や保育者に対して愛着関係を築きます。その愛着関係が、その後の心の安定と人や物へのかかわりの土台になっていきます。

　保育現場は、乳児にとって初めは不安な場所です。しかし、保育者との心地よく、安心した時間と環境のなかで、徐々に愛着関係や信頼感ができあがっていくことで、楽しい園生活を送ることができるようになってきます。保育者は、子どもにやさしい表情や温かみのある声が伝わるように、落ち着いた環境のなかで、向かい合って楽しく大きな動きで触れ合い、人とのかかわりの心地よさを伝えていくことが大切です。

（2）外界とのかかわり

　子どもは、母親などの養育者や保育者の愛情に包まれているという実感を

*3
あやしたり、抱っこした時や親しい相手を見た時など、周囲の刺激への反応としてみせるほほえみをいいます。

もち、愛着関係をしっかり築いていれば「自分は見守られている」という安心感のもと、探索活動を行えるようになります。このように見守ってくれている人を心の「安全基地*4」にして、保育者から離れ外界とかかわり、乳児としての世界を広げ始めます。好奇心をもってさまざまな事物にかかわろうとする時の支えになっているのは、見守ってくれている信頼関係を結んだ保育者の存在があるからなのです。探索行動を繰り返しながら、子どもは自立できるようになっていきます。保育者は、安全な場所で、しっかり子どもを見守り、自由に探索できる環境を整え、自立を促す愛着関係を作ることが大切です。

*4
心地よい安定や保護などを保証してくれる愛着対象者が心のよりどころとしての安全基地になります。外界を探索しているときに危険を感じると安全基地に戻り、危険が過ぎると再度探索を行います。

（3）自我の芽生え

　1歳半ごろになると、自我が芽生え、自分を意識するようになります。「自分は親の言いなりではなく、自分の思いをもっているんだ」と、自己主張します。これが、「イヤイヤ」という強情が始まる時期で、2、3歳と自我を発達させる第一反抗期につながっていきます。また、同時期に、表象（頭のなかで思い浮かべイメージする力）を誕生させ、成長させていきます。自己主張し、自分のイメージとしての思いがもてるようになったことは、喜ばしいことです。しかし、その思いを言葉で表すことや自己を抑制する力が未熟なため、自分が遊びたいおもちゃを手に入れたいがために、たたいてしまったり、かみついたりすることが多発する時期でもあります。

　トラブルが多くなるこの時期、保育者として意識しておきたいことは、子どもたちの間で大人が仲介役となって「みんなで一緒が楽しい」と感じられる雰囲気づくりをすることです。

（4）乳児の意欲と保育者

　1歳から2歳へと年齢を重ねるにつれ、赤ちゃんとは違い自分でできることも増えてきます。そして、自己主張をしはじめると、なんでも自分でやりたがります。しかし、思考力や手指を含めた身体能力は未熟で、やり終えるまでに長時間かかったり、失敗したり、機嫌を損ねたりすることが多いです。まず、保育者はさまざまな活動のなかで、子どもが納得いくまでやり遂げることを見守る意味での「待つ時間」を余裕たっぷりにもつことが大切です。そして、子ども一人一人の発達を踏まえたうえで、できることは自分で挑戦する機会を多くもちながらも、子ども自身が意欲と達成感を感じられるかかわり方と言葉がけを心がけましょう。手伝いすぎず、子ども自身がやり遂げ、さらにもっと成長したいと思う子どもの意欲が、その後の主体性につながっていきます。

3. 幼児の発達と保育者

（1） 3歳児と保育者

　園での集団生活で、3歳児は、自己主張と自己抑制の間で、葛藤したり、ぶつかったりする経験をします。園生活でけんかなどのトラブルは、一見楽しくない無益な経験だと考えてしまいがちです。幼児期は楽しいだけではなく、人と深くかかわり、時にはけんかなどで悩みながら友だちとのやりとりを繰り返して、それを解決する経験を積み重ねることによって、集団のなかでコミュニケーション能力を伸ばしていきます。しかし、子どもといえども3歳児は、会話という言葉で表現する力も自己抑制力も未熟なため、子ども同士のかかわりにおいて話がかみ合わなかったり、思いがぶつかったりすることがたびたび起こります。

　この時期、保育者の援助として大切なことは、子どものもつイメージを言葉で表現する機会を多くもてるようにすることです。そのため、時には未熟な言葉の表現を保育者が間に入り代弁することで、心地よい友だちとのかかわり方や、思いの伝え方を繰り返し経験することが大切です。

（2） 4歳・5歳児と保育者

> **エピソード (5)　一緒に遊びたかったんだ（4歳児）**
>
> 　いつも仲良しのソウくんとリクくん。今日も2人一緒にブロックで電車を作って「こっちの駅からそっちの駅まで超特急で行くよ」などと楽しそうに会話をしながら遊んでいます。そこにハルキくんがやってきて電車の行く手を邪魔しました。「ハルキくん‼ そこ通らせて」。ハルキくんは動きません。ソウくん、リクくんは「じゃあ先に通っていいよ」と線路を譲りましたが、2人の電車をバラバラにしてどこかに行ってしまいました。保育者が間に入り3人の話を聞いてみると、ソウくんとリクくんが仲良く遊んでいるのがうらやましくて一緒に遊びたかったという気持ちを、ハルキくんが話してくれました。それぞれの気持ちを知って、その後3人は仲良く遊んでいました。
>
>

　4歳・5歳ごろになると、自分の思いや考えを言葉で表現できるようになり、相手の話を聞き、理解する力もついてきます。今まで友だちとぶつかったり、けんかしたりした経験をもとに、友だちとのかかわり方を考え、我慢したり待ったり譲ったりし、自分の気持ちや行動を制御できるようにもなっ

てきます。このころの年齢になると、さらに他者の気持ちの理解や共感する心を育てていくことが大切です。そのために保育者が意識することは、子どもたちがかかわり合いのなかで、深く相手の気持ちを考える機会を作ることです。もし、けんかがあったとしても、暴力的にならない限り、できるだけ保育者が仲介に入らず、子ども同士で解決する経験をもてるようにします。この時、放任ではなく、子ども同士の関係を見守り、お互い納得して解決できたかや、その後の友だち関係を意識してみていくことも大切です。エピソード(5)の4歳児クラスでは、言葉は使いこなせるようになってきていますが、人とのかかわりの面では未熟な子どももみられます。一人一人の性格や心の状態を読み取り、時には保育者が入ることもありますが、大人がでしゃばりすぎず、できるだけ子ども同士で話し合えるようにすることが望まれます。

　保育者は遊びや生活のなかで、その子どものありのままを認め、ほめる機会を増やすことを心がけましょう。もし、叱る機会があったとしても、その子ども自身を認めたうえで、やってしまったことに対して叱るように心がけることが大切です。大人や仲間に認められ、自信をもつことが、子どもの居場所づくりと自己肯定感につながっていきます。さらに、クラス担任として、子どもが大人の指示を聞くだけの保育をするのではなく、しっかりとした信頼関係のなかで、子どもが主体的に行動できることが重要です。保育をするうえで、ケジメと威圧は一緒ではないことを心がけましょう。

第3節　保育者としての倫理

1. 保育者の言動の影響力

　保育者の言動は、日常の保育の実践の場面で起こるささいな事柄に影響を及ぼします。保育者としての倫理とは、保育の信念、目標、ねらいを実現するための規範や義務のことで、保育者として望ましい行動、正しい行動の指針です。

　教育学者の汐見稔幸氏[2]は、保育者の専門性に「専念・没頭が可能になる環境、雰囲気づくり」をとらえ、「保育者は実は知らず知らずに、子どもの行動の場の見えない倫理的雰囲気をつくっている」ことを理解する必要があると記しています。

　具体的な例をあげて考えましょう。

エピソード (6) ブログと個人情報

新任のアヤ保育者は、勤務中にスマートフォンでマナちゃんの写真を撮り、「この子は○○市に住む○○保育園のマナちゃんです。今日○月△日、3歳のお誕生日を迎えました！」などとコメントをつけて、勝手にブログにアップしました。偶然、別の保育者がアヤ保育者のブログを見つけて問題が発覚。保護者からもクレームが殺到し、園内で大問題になりました。

　倫理というとなにか難しいことを想像するかもしれませんが、身近なことも倫理にふれることがあります。エピソード(6)では、アヤ保育者には悪気はなかったかもしれませんが、子どものプライバシーにかかわる問題です。個人情報を公表することは絶対に許されません。これも保育者が守らなければならない倫理の一つなのです。
　また、別の事例をみてみましょう。

エピソード (7) 保育者の行動パターン

　ある日、5歳児のアキトくんの蹴ったボールがサクラちゃんの頭に当たって、その場にうずくまって泣いてしまいました。周りの子どもたちは、一瞬時間が止まったような感じで、サッカーが中断してしまいました。
　少し離れた場所でその様子をみていた先生は、子どもたちがどのようにこの事態に対応するのか、少し待ってみてみようと判断しました。
　泣いているサクラちゃんの仲良しの友だちが、「やーや。アキトくんがボールあてた！」と大声ではやしたてました。アキトくんは「むりにあてたんとちがう。しかたないやん！」と強く自己主張しました。すると、ミオちゃんがサクラちゃんのそばに来て、「こっちにきて」とサクラちゃんをすべり台の所まで誘導しました。ミオちゃんが他の子どもたちに「私がサクラちゃん、みているから！　みんなは遊んでいいよ！」と言ったので、他の子はサッカーを再開しました。サクラちゃんが落ち着き元の場所に戻ると、アキトくんが「ごめんね」と謝りにきて仲直りしました。
　これを見て、保育者は子どもたちに普段のやりとりを通じて、知らず知らず自分の要求している行動のパターンを押しつけていたのではと思いました。

　保育者は普段子どもの発言が自分の気にいるものであれば、「そうだよね」などと共感し肯定しますが、反対に気にいらない場合は「そうかな？」と表

情を変えています。保育者は子どもとの言葉のやりとりのなかで、子どもに期待している行動や判断の内容を知らず知らずのうちに伝えているのです。子どもたちは、「イイ子」という評価をもらいたいため、その期待に応えようとした言動をとっていることがあります。それは、保育者が期待している倫理的な言動の型を身につけている場合があるということです。

　しかし、子どもたちが自由に話し合う保育を進めるには、子どもが自由に考え、自分で判断して行動することが大切です。保育者は、意見を整理するという役割をもちますが、子どもの発言を良いとか悪いとかの評価をするのではありません。つまり、考えるのは子どもたちであり、保育者ではないということです。したがって、保育者には自分の意見ではなく、子どもたちが安心して自由に言動できるように努めることが、保育の専門性の一つとして求められるのです。

2. 保育者の倫理観

　子ども学研究者の名須川知子氏[3]は、個人としての保育者の倫理観は、①先入観をはずすことを意識すること、②自分の見方や、保育に絶対はないということを心すること、③あらゆる機会が学びであることを示しています。

　①については、毎日子どもに接することでレッテルをはりやすくなります。子どもは日々成長し、変化しています。まずありのままに事実をみて、日々の子どもの様子から発見することです。

　②については、保育の経験を積むと自信もついてきます。無意識のうちに、自分の正しさが明確になってきます。相手がどのような立場である人ということは関係なく、常に他者の言葉には素直に耳を傾けることができるようにすることが望まれます。

　③については、保育は失敗もあるかもしれませんが、その時々が偶然に起こることではなく、すべてが自分にとって必然的なことであるとすれば、どのようなことも自分自身を高める糧となります。時には、苦言を呈されることもあるでしょうが、その時こそ学びのチャンスです。

　このように、子どもたちへの保育者の意識的、無意識的な言動によって保育者は、子どもたちに一定の精神的な環境を作っています。実際の保育現場のなかで、自分がどのように倫理的な言動をしているのかを、自分で把握することが必要になります。

3. 全国保育士会倫理綱領

　2003（平成15）年に「全国保育士会倫理綱領」が策定され、全国保育協議会と全国保育士会によって採択されました。全国保育士会倫理綱領は、保育実践における判断や基準や行動の規範となるものです。つまり、専門的倫理を明文化したものであり、専門職が遵守すべき事項を示しています。

　児童福祉施設の乳児院では「乳児院倫理綱領」（2008年）が全国乳児福祉協議会で採択され、児童養護施設では「全国児童養護施設協議会倫理綱領」（2010年）が全国児童養護施設協議会で採択されています。

　また、2004（平成16）年には解説書である「全国保育士会倫理綱領ガイドブック」[4]が発刊されています。この綱領は、前文と以下の8つの条文から示されています。

```
① 子どもの最善の利益の尊重
② 子どもの発達保障
③ 保護者との協力
④ プライバシーの保護
⑤ チームワークと自己評価
⑥ 利用者の代弁
⑦ 地域の子育て支援
⑧ 専門職としての責務
```

43ページに全文が載っているよ！

　これらの8つの条文は、保育における倫理、すなわち保育者における社会的使命であり責務を示しています。以下、特に重要な3つを解説します。

（1）子どもの最善の利益の尊重

　「子どもの最善の利益」については、「児童の権利に関する条約」（子どもの権利条約）第3条第1項に明記されています。これは1989（平成元）年に国際連合が採択し、1994（平成6）年に日本政府も批准しています。

　「最善の利益」に対応する英語は"the best interests"で、たんなる経済的ないし物的利益をいうのではなく、あることが本当に子どものためになるのかどうか、子どもの立場から深く思い及ぼすことです。

　保育の専門家としての責務のうち最も大事なことは、子どもの最善の利益を守ることです。保育者は、子どものより良い生活を作るために働きかけを常に怠らないで、子どもの権利を擁護することです。子どもは本来もっている権利を守ることが不十分であるため、そばにいる大人が最優先に護り続けなければなりません。

　子どもの最善の利益を尊重するには、保育者が常に子どもを一人の人間と

して尊重し、子どもの立場に立って考え、一人一人の発達に応じた援助をすることが求められます。さらに、子どもたちが心身ともに安心して生活でき、能動的・意欲的に活動できるようになることが重要です。

(2) 子どもの発達保障

　一人一人の人間には計り知れない発達の可能性があり、人間が生きるには、それを最大限に実現することが重要です。そのためには、人間の尊厳を確立することを目指した福祉や保育・教育を豊かにするための努力が必要となります。

　子どもが健康[*5]に生きるために、保育の基本原則として「養護」と「教育」があります。保育者は子どもの発達状況や特徴を把握し、養護と教育が一体となった保育を行います。「養護と教育を一体的に行う」とは、保育者が子どもを一個の主体として尊重し、その命を守り、情緒の安定を図りつつ、乳幼児期にふさわしい経験が積み重ねられていくよう援助することです。

(3) 保護者との協力

　保育所と家庭は、一人一人の子どもの育ちをめぐって互いに補い合う機能をもっています。保育所は子どもの育ちを支えるために、その背景にある家庭・家族の状況や保護者の子育てに対する考えについて知ることが大切です。

　そのためには、保育者は保護者の意思や気持ちを尊重しながら対等な立場で子育てをともに担い、子育てのあり方をともに学んでいく子育てのパートナーとしての関係づくりが必要です。

[*5] WHO（世界保健機関）(1948年) は、「健康とは、単に病気とか虚弱でないということだけでなく、身体的にも、精神的にも、社会的にも良好の状態」であると定義しています。

Q 保育職だけにかかわらず、自分の魅力を磨くためには、長所を伸ばすべきでしょうか。それとも、短所を克服するべきでしょうか。考えてみましょう。

ホップ　自分の感じたことや思ったことを箇条書きで書き出してみましょう。

....

....

....

ステップ　「ホップ」で書き出したことをもとに話し合ってみましょう。

....

....

....

ジャンプ　話し合った内容を文章にまとめてみましょう。

....

....

....

....

【引用文献】
1）『これからの幼児教育』2016年春号　ベネッセ教育総合研究所
2）汐見稔幸・大豆生田啓友編『保育者論』ミネルヴァ書房　2010年　p.182
3）日本保育学会編『保育学講座4　保育者を生きる－専門性と養成－』東京大学出版会　2016年　pp.104-105
4）柏女霊峰監修　全国保育士会編『全国保育士会倫理綱領ガイドブック』社会福祉法人全国社会福祉協議会　2004年

【参考文献】
咲間まり子編『保育内容「人間関係」』みらい　2013年
神田英雄編『育ちのきほん－0歳から6歳－』ひとなる書房　2008年
原田碩三『こども健康学』みらい　2006年
中野光・小笠毅『ハンドブック子どもの権利条約』岩波書店　2004年
矢藤誠慈郎・天野珠路編『保育者論』中央法規出版　2015年

全国保育士会倫理綱領

　すべての子どもは、豊かな愛情のなかで心身ともに健やかに育てられ、自ら伸びていく無限の可能性を持っています。
　私たちは、子どもが現在（いま）を幸せに生活し、未来（あす）を生きる力を育てる保育の仕事に誇りと責任をもって、自らの人間性の向上に努め、一人ひとりの子どもを心から尊重し、次のことを行います。

　　私たちは、子どもの育ちを支えます。
　　私たちは、保護者の子育てを支えます。
　　私たちは、子どもと子育てにやさしい社会をつくります。

（子どもの最善の利益の尊重）
　1．私たちは、一人ひとりの子どもの最善の利益を第一に考え、保育を通してその福祉を積極的に増進するよう努めます。

（子どもの発達保障）
　2．私たちは、養護と教育が一体となった保育を通して、一人ひとりの子どもが心身ともに健康、安全で情緒の安定した生活ができる環境を用意し、生きる喜びと力を育むことを基本として、その健やかな育ちを支えます。

（保護者との協力）
　3．私たちは、子どもと保護者のおかれた状況や意向を受けとめ、保護者とより良い協力関係を築きながら、子どもの育ちや子育てを支えます。

（プライバシーの保護）
　4．私たちは、一人ひとりのプライバシーを保護するため、保育を通して知り得た個人の情報や秘密を守ります。

（チームワークと自己評価）
　5．私たちは、職場におけるチームワークや、関係する他の専門機関との連携を大切にします。また、自ら行う保育について、常に子どもの視点に立って自己評価を行い、保育の質の向上を図ります。

（利用者の代弁）
　6．私たちは、日々の保育や子育て支援の活動を通して子どものニーズを受け止め、子どもの立場に立ってそれを代弁します。また、子育てをしているすべての保護者のニーズを受けとめ、それを代弁していくことも重要な役割と考え、行動します。

（地域の子育て支援）
　7．私たちは、地域の人々や関係機関とともに子育てを支援し、そのネットワークにより、地域で子どもを育てる環境づくりに努めます。

（専門職としての責任）
　8．私たちは、研修や自己研鑽を通して、常に自らの人間性と専門性の向上に努め、専門職としての責務を果たします。

社会福祉法人 全国社会福祉協議会
全国保育協議会
全国保育士会

第3章
現在の保育にまつわる問題

エクササイズ　　自由にイメージしてみてください

最近の保育にまつわる話題や新聞の記事で、気になるものはなんですか。

第3章 現在の保育にまつわる問題

この章のまとめ！

学びのロードマップ

● 第1節
少子化なのに待機児童が減りません。子どもたちが心身ともに健やかに育つ社会、安心して子どもを産み育てることができる社会について考えてみましょう。

● 第2節
乳幼児期の子どもは、虐待のリスクの高い年齢にあたります。保育者として、乳幼児期からの対応を考えてみましょう。

● 第3節
発達障害を含めたグレーゾーン等の気になる子どもたちは、数多く在園しています。保育者として気になる子どもの対応への知識や技術には何が必要か考えてみましょう。

● 第4節
貧困や多文化を背景とする子どもは、さまざまな機会や体験、やる気が奪われるおそれがあります。これらの実態を把握してその対応を考えてみましょう。

この章の なるほど キーワード

■**待機児童**…子育て中の保護者が保育所または学童保育施設に入所申請をしているにもかかわらず、入所できない状態にある児童をいう。

少子化なのに、なぜ待機児童がいるのかな？

第1節　少子化・待機児童問題

ニュースなどで待機児童問題が取り上げられることが多くなっていますが、現在の子育てにまつわる環境はどのようになっているのでしょうか。この節では、近年問題になっている少子化について学びましょう。

1. 少子化の進行

『少子化社会白書（平成16年版）』によると、「合計特殊出生率が人口置き換え水準をはるかに下まわり、かつ、子どもの数が高齢者人口（65歳以上人口）よりも少なくなった社会」を「少子社会」と定義しています。

日本の出生率は低下の一途をたどり、1989（平成元）年には1.57を記録（「1.57ショック」）し、2005（平成17）年には1.26と過去最低を更新しました。少子化の背景には、女性の社会進出にともなう価値観の変化や、ライフスタイルの多様化などによる未婚率の上昇や晩婚化の進行があげられます。また、仕事と子育ての両立の困難さから子育てに対する負担感が増していることや、非正規雇用の増加などによる経済的理由により子どもの数をセーブする夫婦が多いことも背景の一つにあると考えられます。政府は少子化対策として2006（平成18）年の「新しい少子化対策について」[*1]をはじめ、さまざまな施策を掲げています。2015（平成27）年は合計特殊出生率が1.45とわずかに回復しましたが、現在も依然と低い状況が続いています。

> [*1] 「家族の日」・「家族の週間」の制定などによる家族・地域のきずなの再生や社会全体の意識改革を図るための国民運動の推進とともに、子どもの成長に応じて子育て支援のニーズが変化することに着目して、妊娠・出産から高校・大学生期に至るまでの年齢進行ごとの子育て支援策を掲げました。

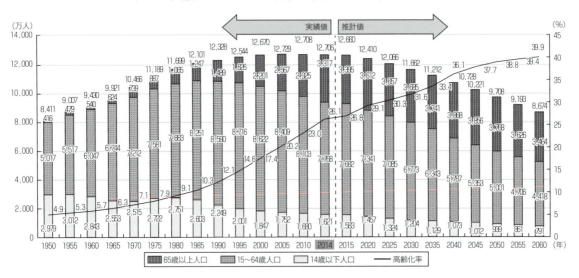

図3-1　人口動態と将来推計

出典：総務省「国勢調査」及び「人口推計」、国立社会保障・人口問題研究所「日本の将来推計人口」（2012年1月推計）

第3章 現在の保育にまつわる問題

2. 待機児童問題

近年、利用資格があるにもかかわらず子どもが保育所に入れず、入所を待機させられる待機児童[*2]が問題となっています。子どもが待機児童になると、仕事をしている母親は子どもの預け先が確保できず、育児休暇を延長せざるをえなくなったり、働きたくても働けない状況になることがあるためです。

待機児童問題の背景には、核家族化などの家族形態の変化や共働きの増加があります。親世代に子どもを預けられない、共働きで仕事をしたいなどを理由に、保育所に子どもを預けたい子育て家庭が増えたにもかかわらず、保育士や保育所不足により、子どもの受け入れ枠よりも入所希望児童数が多い状態が続いています。実際、保育所においては、0〜2歳児を中心とした保育所利用児童数が増加し、1、2歳児の保育所等の利用率は、2008（平成20）年は27.6％でしたが、2015（平成27）年には38.1％と増え続けています。

厚生労働省によると、4月時点の待機児童の数は、2011（平成23）年から4年連続で減少傾向にありましたが、2015（平成27）年には増加に転じ23,167人です。とくに核家族の多い都市部では待機児童数が多い傾向にあり、東京都では同時点で7,670人となっています。さらに、3歳未満の子育て家庭の仕事と子育ての両立を支える基幹的な支援である養育・教育機関の、「3歳児の壁」が生じ、乳児保育施設から3歳児になって移る保育施設が少ないことも問題となっています。

[*2]
待機児童は、「保育所への入所・利用資格があるにもかかわらず、保育所が不足していたり、定員が一杯であるために入所できずに入所を待っている児童のこと」（庄司洋子ほか、1999年）と定義されています。しかし、国は2001年、待機児童の定義を変えました。自治体が独自に助成する「認可外保育施設」を利用しながら待機している児童らは、待機児童から除いてよいことになりました。定義が変わった2001年、旧定義でみれば3万5,144人だった待機児童数は、新定義で2万1,201人に「減少」しました。

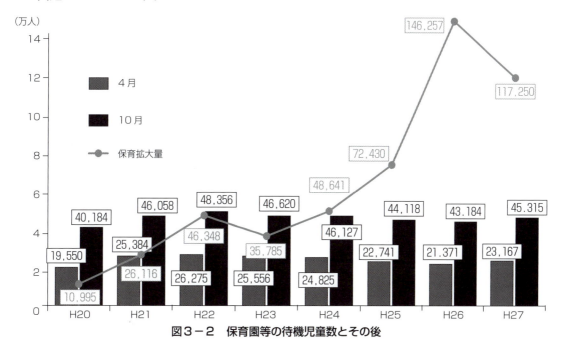

図3−2　保育園等の待機児童数とその後

出典：厚生労働省　報道発表資料（2016年）

第2節　児童虐待

　少子化の進行が大きな課題とされているなかで、社会的・経済的・身体や精神的な複雑な要因が複雑にからみあって、児童虐待が増加し、深刻さを増しています。この節では、児童虐待の種類と事例からその対応と予防について考えます。

1. 児童虐待の種類

　「児童虐待の防止等に関する法律」（児童虐待防止法）では、「児童虐待」を、「保護者（親権を行う者、未成年後見人その他の者で、児童を現に監護するものをいう）がその監護する児童（18歳に満たない者）に対し、行為をすること」とし、以下のように4種類「身体的虐待」「性的虐待」「ネグレクト」「心理的虐待」に分類しています（表3-1）。

表3-1　児童虐待の種類

身体的虐待	殴る、蹴る、投げ落とす、激しく揺さぶる、やけどを負わせる、溺れさせる、首を絞める、縄などにより一室に拘束する　など
性的虐待	子どもへの性的行為、性的行為を見せる、性器を触るまたは触らせる、ポルノグラフィの被写体にする　など
ネグレクト	家に閉じ込める、食事を与えない、ひどく不潔にする、自動車の中に放置する、重い病気になっても病院に連れて行かない　など
心理的虐待	言葉による脅し、無視、きょうだい間での差別的扱い、子どもの目の前で家族に対して暴力をふるう（ドメスティック・バイオレンス：DV）　など

　児童虐待相談の件数は増加傾向にあり、全国の児童相談所での児童虐待に関する相談対応件数は、児童虐待防止法施行前の1999（平成11）年度に比べ、2014（平成26）年度は88,931件で7.6倍に増加しました（図3-3を参照）。特に乳幼児期の子どもについては、身体的虐待、性的虐待、心理的虐待、ネグレクトにおいて増え続けており、虐待のリスクの高い年齢にあたります。保育者は、生活支援についての知識をもつことが重要であるといえます。まず、親を変えることより、子どもを守る対策を優先することが重要でしょう。
　保育・教育の場は、子どもの発達を守ることができる理想的社会資源であり、乳幼児期から虐待の予防を可能にすることができるといえます。乳幼児期の子どもを預かっている、保育所、幼稚園、認定こども園は、児童虐待の防止にも大きな役割と責任を果たすことができるのです。

第3章 現在の保育にまつわる問題

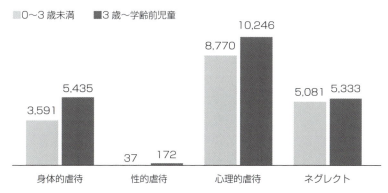

図3-3　児童虐待の件数（2014年度）
出典：政府統計（http://www.e-stat.go.jp）より筆者作成

2. 保育所保育指針から読み解く

　1999（平成11）年の保育所保育指針の改定により、「虐待などへの対応」が新設されました。その後、2009（平成21）年の改定では、虐待の早期発見と適切な対応を期待されていることから、「第6章 保護者に対する支援」を設け、要保護児童を早期発見するために「要保護児童対策地域協議会」を活用して、保育者が児童福祉の観点から積極的に虐待防止に寄与すべきことがあげられています。

> 2017（平成29）年の保育所保育指針の改定により、「第6章 保護者に対する支援」は「第4章 子育て支援」になりました。

エピソード　トウマくん、くさいよ（5歳児）

　言葉の発達が遅れ気味の3歳児のトウマくんは、毎日、幼稚園バスに乗って登園しています。保育者が話しかけてもうなずくだけで、ほとんど声はでません。幼稚園バスの停留所には小学1年生のお姉さんが、トウマくんの送迎をしています。保育者は、送迎の際に専業主婦の母親に出会ったことはありません。
　トウマくんはいつも異臭がしていました。そのため、幼稚園に登園すると、すぐに、保育者に体を洗ってもらい、その後、下着から上着、ズボンまですべて幼稚園の服を借りて、着替えをして保育室に入ります。トウマくんは母親からお風呂に入れてもらっていないのです。

（1）子どもの様子から虐待に気づく

　トウマくんは親とのかかわりが少ないために、言葉などに遅れが出ています。さらに、着替えや入浴がほとんどされていないため異臭がしていました。保育者はトウマくんが登園すると、服や体を清潔するため、シャワーで体を洗い、着替えをしなければならないなど、子どもの家庭生活に不自然な様子があります。

（2）保護者の様子から虐待に気づく

　担任は、家庭訪問の際に室内が片づけられていないことや異臭がしていたこと、母親の話から親しい隣人や親戚など相談する人が近くにおらず、周囲から孤立した状況に置かれていることについて心配していました。

　常日ごろから、虐待が起こった際の連携について、園全体で心がけておくことが重要です。保護者に対しては、保育者は受容的な態度で接して、何でも相談できる関係を作っておくことが理想です。子どもに気になる様子があれば、保育者は園長に相談や報告をして問題を先送りしないようにします。虐待を未然に防ぐ配慮は、保育者の使命といっても過言ではありません。

第3節　配慮を要する子どもへの理解と対応

　近年、気になる子どもや発達障害[*3]などの配慮を要する子どもについて、なによりも早期発見と的確な対応が求められています。子ども本人への支援、家族への支援、中長期的な支援など、一人一人の子どもに応じた支援策を保護者の理解と協力のもとに作成し、個々のケースに適切かつ柔軟に対応することが必要です。

1. 特別な支援を必要とする子どもの現状

　ノーマライゼーションという考え方が社会全体に広がり、障害のある子どもたちも障害のない子どもたちと同様に、地域の幼稚園・保育所・認定こども園等に在園することがみられるようになりました。障害のある子どもをあるがままに受け入れ、すべての子どもがともに生活しながら、障害の有無に関係なく、その子どもの「ニーズ」に応じた保育を「インクルーシブ保育」[*4]といいます。

[*3] 発達障害者支援法では、自閉症、アスペルガー症候群、注意欠如・多動性障害（ADHD）、学習障害、チック障害などが含まれます。生まれつき脳の一部の機能に障害があるという点が共通しています。個人差がとても大きいという点が、「発達障害」の特徴といえます。

[*4] インクルーシブは、日本語で「包括的」という意味です。保育は年齢でクラスを分けるのが一般的ですが、インクルーシブ保育は年齢も障害も関係なく、さまざまな背景をもった子どもたちを育て合わせます。

第3章 現在の保育にまつわる問題

障害のある子どもたちの入園(所)数の増加を表3−2に示しました。2007（平成19）年と2012（平成24）年を比較すると、2012（平成24）年は20%程度増えて、7割から8割の園に特別支援を必要とする子どもがいます。特別な保育ニーズに応じた高い専門性と職員や加配が要求されていますが[*5]、教えるべき具体的な内容や保育者が獲得すべき援助スキルなどの体系があらかじめ示されていません。今後、国をあげての研修体制づくりなどが求められています。

*5 特別な支援を必要と子どもを受け入れている園にどのような体制をとっているかを尋ねると、私立幼稚園では、クラス担任をもたないフリーの保育者や園長、主任が対応しているが59.8%でした（筆者調べ）。

表3−2　特別支援を要する子どもがいる園の比率（園の区分別・経年比較）

	2007/2008年	2012年
国公立幼稚園	66.8%	86.0%
私立幼稚園	50.0%	71.1%
公営保育所	78.7%	83.0%
私営保育所	65.4%	70.0%
認定こども園		77.7%

注）認定こども園は2012年が初めての調査となるため、経年データはなし。
出典：ベネッセ教育総合研究所「第2回幼児教育・保育についての基本調査報告書」2012年より筆者作成

2.「子ども・子育て支援新制度」にみる特別な支援を必要とする子ども

2015（平成27）年度に施行された「子ども・子育て支援新制度」では、以下の4項目があげられ、特別な支援を必要とする子どもに目が向けられるようになりました。保育への期待は大きく、特に発達の著しいこの時期の子どもへの保育支援は大切です。

①障害のある児童など特別な支援が必要な子どもを受け入れ、地域関係機関との連携や、相談対応等を行う場合に、地域の療育支援を補助する者を保育所、幼稚園、認定こども園に配置を行う。
②新設された地域型保育事業については、障害のある児童を受け入れた場合に特別な支援が必要な子ども2人に対し保育士1人の配置を行う。
③障害のある児童を受け入れるにあたりバリアフリーのための改修等を行う。
④障害児保育を担当する保育士の資質向上を図るための研修を実施する。

ふりかえりメモ：

第4節　貧困と多文化共生

　乳幼児期は「人間形成の土台を形成」し、基本的な生活習慣や自主性を培う大切な時期です。しかし、貧困や多文化を背景に生活することによって、子どもから、さまざまな機会や体験、やる気を奪ってしまうおそれがあります。人生のスタート時点から不公平を生むことのないようにするためには、保育者に求められていることはなにかを考えてみましょう。

1. 子どもの貧困

　乳幼児期の子どもの貧困は、親が低い賃金で長時間働いていることが多いため子どもに手が回らず、子どもの食事が偏ったり、ワクチン未接種となるなど日常生活や健康面に影響を及ぼし、さらには将来の進路選択を限定するなど、子どもの将来の可能性を奪ってしまうことにつながります。そして人生の選択の機会を奪われた子どもは、非正規労働など限られた仕事にしか就くことができないことが多いため、大人になったときにも貧困に陥ってしまう、「貧困の連鎖」を引き起こす可能性が高くなります。

　子どもの相対的貧困率[*6]は1990年代半ばごろからおおむね上昇傾向にあり、2009（平成21）年には15.7％となっています（図3-4）。家族の収入が少なく、ご飯が食べられない、進学を断念するなど、貧困のもとで暮らしている子どもは、6人に1人にのぼります。なかでも大人が2人以上いる世帯に比べてひとり親世帯の相対的貧困率は高く、両親がいる現役世帯の相対的貧困率が14.6％であるのに対して、ひとり親世帯の相対的貧困率が50.8％となっています（図3-5）。

　なぜ、子どもの貧困が増えているのでしょうか。その理由の背景には、経済環境の悪化、非正規雇用で働く保護者の増加や、所得の減少、ひとり親世帯の増加などのさまざまな問題が指摘されています。

[*6] 今日食べる物も寝るところもない状況ではありませんが、社会の標準的な所得の半分以下の所得のため、「周りの人は当たり前にできている生活が、お金がないためにできない」という状態をさします。食べる物が不足し、命さえ危うい状態にあることを絶対的貧困といいます。

第3章 現在の保育にまつわる問題

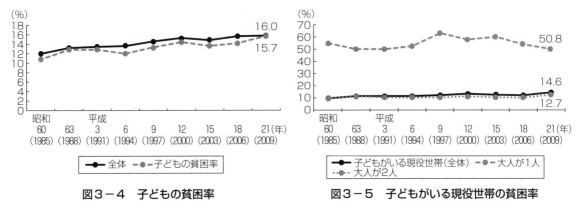

図3－4　子どもの貧困率　　　　　図3－5　子どもがいる現役世帯の貧困率

注1）　相対的貧困率とは、OECDの作成基準に基づき、等価可処分所得（世帯の可処分所得を世帯人員の平方根で割って調整した所得）の中央値の半分に満たない世帯員の割合を算出したものを用いて算出
注2）　平成6年の数値は兵庫県を除いたもの
注3）　大人とは18歳以上の者、子どもとは17歳以下の者、現役世帯とは世帯主が18歳以上65歳未満の世帯をいう
注4）　等価可処分所得金額が不詳の世帯員は除く
出典：厚生労働省「国民生活基礎調査」

　子どもの貧困に対する政府の取り組みとしては、2014（平成26）年の内閣府「子どもの貧困対策に関する大綱」において、「貧困の連鎖を防ぐための幼児教育の無償化の推進及び幼児教育の質の向上」があげられています。また生活の支援においては、ひとり親家庭の子どもの保育などを確保するため、保育所や放課後児童クラブにおいて行われているひとり親家庭への特別の配慮について、その他の事業への適用を検討することがあげられています。

2. 多文化共生保育

　多文化とは、性差、民族、国籍や地域、宗教などの違いだけではなく、心身発達の個人差、異なる環境で成育したさまざまな背景、世代間や価値観の違いをも含めた個性を形成する広い定義です。
　「多文化共生」はまさに「国際化」と考えてもいいでしょう。保育園長である松浦芳文氏は保育実践者の立場から、それは互いの歴史や文化を学びながら、互いのモノの見方・考え方を認め、国の異なる人たちが生活の場を共有し、互いに成長すること、そして、互いの立場が対等であることを意味すると述べています。
　多文化共生の背景には、1980年代以降、経済の拡大にともない、外国人の日本への流入が増加したことがあります。現在もこの流れは変わらず、『第2回多文化子育て調査報告書』（2,065名を対象）によると、日本に住む外国人の数が急増するなかで、保育所や幼稚園に外国にルーツをもつ子どもたちの入園も増えていることがわかります。

表3-3 通園状況

保育所	91.2%
幼稚園	4.9%
認定こども園	2.9%
その他	0.5%
通園していない	0.5%

表3-4 子どもの年齢

0歳	0.9%
1歳	7.9%
2歳	13.7%
3歳	20.0%
4歳	22.0%
5歳	22.5%
6歳	12.9%
無答不明	0.1%

出典：山岡テイほか編『第2回多文化子育て調査報告書』多文化子育てネットワーク　2011年　p.3より筆者作成

　表3-3より、多文化を背景とする子どもが通園しているのは、保育所91.2％、幼稚園4.9％、認定こども園2.9％で、保育所がこのような子どもの保育・教育の主体になっているといえます。また、通園している子どもの平均年齢は3.7歳で、5歳児は22.5％、4歳児は22.0％、3歳児は20.0％です。乳児よりも5歳児の子どもが数多く在園しています（表3-4）。

　保育者が多文化保育を行うなかで日常的に困っていることは、日本語でうまく意思疎通ができないために起こる「保護者とのコミュニケーションにかかわること」、「子どもとのコミュニケーションにかかわること（子ども同士の関係も含む）」に分けられます。さらに、これらを理由として、文化・習慣が異なることによるトラブルが起こったりすることもあります。

第3章 現在の保育にまつわる問題

 演習課題

Q 本章で取り上げた問題（少子化・待機児童、児童虐待、特別な配慮を要する子ども、貧困、多文化共生）のうち、あなたが最も気になるものはどれでしたか。

ホップ 自分の感じたことや思ったことを箇条書きで書き出してみましょう。

ステップ 「ホップ」で書き出したことをもとに話し合ってみましょう。

ジャンプ 話し合った内容を文章にまとめてみましょう。

【参考文献】
河合隼雄『子どもと学校』岩波書店　1992年
北村友人「幼児教育に関する国際的な視点」（第4回 ECEC 研究会講演録）2015年
　　http://www.blog.crn.or.jp
厚生労働省「平成25年人口動態統計」http://www.mhlw.go.jp/toukei/saikin/hw/jinkou/kakutei13/
松浦芳文「保育の国際化とは？」『保育の国際化に関する調査研究報告書（平成20年度）』
　　日本保育協会　2009年　p.38
庄司洋子ほか編『福祉社会辞典』弘文堂　1999年
山岡テイほか編『第2回多文化子育て調査報告書』多文化子育てネットワーク　2011年

第4章
保育者の役割を考える

エクササイズ　　**自由にイメージしてみてください**

あなたが保育者になったら、どのような環境で働きたいですか。またその理由についても考えてみましょう。

第4章 保育者の役割を考える

学びのロードマップ この章のまとめ！

- 第1節
  保育所は子どもが生活する児童福祉施設、幼稚園は教育を展開する学校、認定こども園は保育所保育と幼稚園教育の両方を行う施設。いずれも環境を通しての保育が展開されます。

- 第2節
  保育者の職務内容には保育を行う以外にも、事務管理、環境整備、危機管理などさまざまなものがあります。

- 第3節
  保育を行う場では、初任者（新任の保育者）、中堅の保育者からベテランの主任や園長まで保育経験に応じてさまざまな職務があります。

この章の なるほど キーワード

■**保育教諭**…幼保連携型認定こども園で保育を行う保育者のこと。幼稚園教諭免許状と保育士資格の両方を有していることが原則となる。

幼稚園教諭免許状と保育士資格の両方をもっていると、働く場の選択肢が増えますね。

注目コラム　これからの保育に共通して大切なこと

保育所と幼稚園と幼保連携型認定こども園はそれぞれ違うところもありますが、2018年度からは次の4つの点をどの施設も大切にしていくことになりました。

3つの施設において重視すること
○基本原則は「環境を通して行う」ものであること。
○生きる力の基礎を育むため、資質・能力を育むこと。
○「幼児期の終わりまでに育ってほしい姿」を明確にして取り組むこと。
○小学校教育との接続をより円滑にすること。

（内閣府・文部科学省・厚生労働省「新しい幼保連携型認定こども園教育・保育要領、幼稚園教育要領、保育所保育指針の方向性について」2017年7月　中央説明会資料より）

第1節 保育士・幼稚園教諭・保育教諭の仕事

1. 保育士の仕事

（1）保育所における保育士の仕事

①保育所の役割

　保育所は児童福祉施設の一つであり、子どもが生活する場となります。保育所では子どもの「健全な心身の発達を図る」ことを目的とし、「子どもの最善の利益」が考慮された、乳幼児期にふさわしい生活の場が整えられることが重要です。「子どもの最善の利益」は「児童の権利に関する条約」（子どもの権利条約）第3条第1項に定められており[*1]、児童に関するすべての措置をとるにあたって、児童の最善の利益が主として考慮されるよう示されています。

[*1] 詳しくは、第2章の第3節(40ページ)を参照。

②保育所での保育

　保育所での保育は、養護と教育を一体として、環境を通して行うことを基本とします。保育士は、保護者と連携を図りながら、子どもの育ちを見通し、子どもが24時間を通して安定した心情で過ごせ、のびのびと発達していける環境を整えることが重要です。

　保育士は名称独占の国家資格であり、保育に関する高い専門的知識と技術をもち合わせています。保育士は、子どもの育ちを見通し、発達過程、生活技術、環境構成、遊びの展開、相談援助等に関する専門的な知識や技術を活かし、保育および保護者の支援を進めていきます。そこでは、保育者としての倫理観や的確な判断力が求められます。子どもの命を預かる仕事であるという自覚をもち、子どもと保護者に真摯に向き合うことが求められます。

　また、保育所では、保育士以外にも、看護師、栄養士、調理員などが働いています。それぞれの専門性を活かし、連携を図りながらより良い保育を目指します。

　保護者への支援や地域の子育て支援も重要な仕事となります。核家族化や地域の人間関係の希薄化により養育者が孤立してしまうこともあります。保育士は地域のさまざまな人、場や機関などと連携を図りながら、保育士の専門性を活かし、保護者と地域の子育て家庭をサポートしていく役割を担います。課題となっている児童虐待防止の観点からも重要な役割といえます。

（2）児童福祉施設における保育士の仕事

①さまざまな児童福祉施設

　保育所や幼保連携型認定こども園も児童福祉施設の一つですが、そのほかにも児童養護施設、障害児入所施設、児童発達支援センター、児童心理治療施設、乳児院、母子生活支援施設、児童厚生施設、児童自立支援施設、児童家庭支援センターなどで、保育士の資格を用いて働くことができます。児童養護施設、障害児入所施設、児童発達支援センター、児童心理治療施設では、必ず保育士を配置することとなっています。

②児童福祉施設での保育士の仕事

　児童養護施設をはじめ、これらの施設は、なんらかの理由により保護者のもとで養育ができない子どもたちの生活を支援する場であり、保育者には施設養護に関する専門的な知識と技術が求められます。

　児童福祉施設に入所する子どもの背景には、保護者との死別、虐待、貧困、DV[*2]などの理由があります。近年は虐待による入所が多くみられます。厚生労働省の調査結果（平成25年実施[1])では、被虐待経験のある入所児童は表4－1のようになっています。虐待の種類としては、児童心理治療施設児や児童自立支援施設児では身体的虐待が多く、児童養護施設児や乳児院児ではネグレクトが多いという結果も出ています。このような場合、子どもが個々に抱える課題も多く、一人一人の子どもに合ったケアが必要となります。

　また、家族との関係調整も施設職員の重要な仕事であり、家族関係の再構築を行い、家庭復帰ができるように支援していきます。しかしながら、家庭復帰が困難である場合も多く、その場合は社会において自立生活ができる力を養う支援が行われます。職業訓練のほか、一人暮らしができるように生活能力を身につける支援を行います。

　このような施設保育士には、子どもの最善の利益を考慮しながら、子どもの生存と発達を保障し、子どもの権利擁護を行うことが求められます。集団生活であるため、子どもの個の尊重を常に意識し、一人一人のもつ課題と向き合いながら、養護を行っていくことが重要です。

*2
ドメスティック・バイオレンスの略。

表4－1　被虐待経験のある入所児

児童心理治療施設	71.2%
児童養護施設	59.5%
児童自立支援施設	58.5%
乳児院	35.5%

出典：厚生労働省「児童養護施設入所児童等調査結果」2015年をもとに筆者作成

2. 幼稚園教諭の仕事

(1) 幼稚園教育の基本

　保育所と同様に、幼稚園教育の基本は、環境を通して行うものです。幼稚園教育における環境とは、物的環境（遊具や道具、園舎や園庭などの設備）、人的環境（保育者や友だち、保護者、地域の人々）、自然事象や社会事象、空間や時間などの条件、その場の雰囲気など、幼児を取り巻くさまざまな環境をさします。保育者は、幼児との信頼関係を大切にしながら、幼児とともに環境を整えていきます。環境を整えるにあたっては、幼児がいかに主体的に活動できるかを考え、幼児の興味・関心に沿った環境を構成することや、幼児の意見を取り入れながら柔軟に環境を再構成していくことが大切です。また、保育者自身が人的環境であることを意識し、幼児の活動が豊かに展開されるように指導していくことも必要となります。指導の際には、幼児との信頼関係を基盤とし、幼児が安定した情緒のもとで主体的に活動できることや、幼児一人一人の特性や個々の発達課題に応じた指導がなされるように配慮が必要となります。

　2017（平成29）年告示の「幼稚園教育要領」では、第1章総則において、幼稚園教育において育みたい資質・能力及び「幼児期の終わりまでに育ってほしい姿」として、資質・能力の3つの柱[*3]と5領域の内容を整理した10項目[*4]の「育ってほしい姿」が示されました。保育者は、この10項目を子どもが経験していけるように配慮しながら、保育を進めていくことが求められます。このことは、保育所や幼保連携型認定こども園でも同様です（本章はじめの「注目コラム」を参照）。

(2) 幼稚園教諭の仕事

①幼稚園教諭の役割

　幼稚園教育要領では、幼稚園教諭は活動の場面に応じてさまざまな役割を果たし、適切な指導を行うことが示されています。『幼稚園教育要領解説』に示された幼児の活動場面における保育者の役割を考えてみましょう。

〈1〉幼児の活動の理解者としての役割

　保育者は、幼児がどのようなことに興味をもち、何を楽しんでいるのかを理解することが求められます。集団における人間関係や遊びの展開にも着目し、活動が広がっていくように援助していきます。

〈2〉遊びの共同作業者としての役割

　幼児の活動が豊かになるには、保育者がともに遊ぶことも大切です。幼児と同じ動きをし、同じ目線に立つことで、幼児の心の動きや行動がより理解

[*3]
「知識及び技能の基礎」「思考力、判断力、表現力等の基礎」「学びに向かう力、人間性等」。

[*4]
「健康な心と体」「自立心」「協同性」「道徳性・規範意識の芽生え」「社会生活との関わり」「思考力の芽生え」「自然との関わり・生命尊重」「数量・図形、文字等への関心・感覚」「言葉による伝え合い」「豊かな感性と表現」。

できるようになります。保育者と一緒に活動できる楽しさから、幼児の活動への意欲や集中力を生むことへもつながります。

〈3〉あこがれを形成するモデルとしての役割

　幼児は、日々の生活や遊びにおいて、保育者の行動や言動をモデルとして多くのことを学んでいます。挨拶などの行動や、人を思いやる気持ち、善悪の判断などの道徳性を培ううえでも、保育者はモデルとして大きな役割を担います。子どものモデルとなっていることを意識し、言動や生活の仕方に配慮することが必要です。

〈4〉遊びの援助者としての役割

　遊びの援助には、遊具や玩具、必要な用具や素材の場所や使い方を伝える、遊びのアイデアやヒントを出す、友だちとのやりとりの仲立ちをする、子どものがんばりを認め意欲を引き出すといったことがあげられます。援助では、一人一人の発達に応じた援助のタイミングや仕方を考えることが大切です。

〈5〉心のよりどころとしての役割

　幼稚園教育要領の保育内容には「養護」の項目はありませんが、子どもの生命を守り、情緒の安定を図ることは保育の基本です。幼稚園教育要領第1章総則の「幼稚園教育の基本」には、幼児が「安定した情緒の下で自己を十分に発揮することにより発達に必要な体験を得ていく」とあります。保育者は、愛情をもってかかわりながら子どもとの信頼関係を築き、子どもの心のよりどころとなることが重要です。

②幼稚園運営上の留意事項

　各幼稚園では、各園の方針にもとづき、教職員が適切に役割分担を行いながら、相互に連携しつつ、教育を展開していきます。子どもの育ちを見通し、幼児期にふさわしい生活が展開されるようにするには、組織的かつ計画的に組み立てた教育課程の実施と、教育課程や指導の改善を図ることが大切です。

　また、家庭や地域社会との連携を図り、地域の高齢者、異年齢の子どもなどの人的環境、行事や公共施設などの社会資源を活用し、子どもが豊かな体験を得られるように工夫することが必要です。家庭との連携では、保護者の幼児期の教育に関する理解が深まるように配慮します。

　さらには、他の幼稚園、保育所、認定こども園、小学校、中学校、高等学校及び特別支援学校などの施設や学校との連携や、障害のある幼児児童生徒との交流や共同学習の機会を得ることも重要となります。

3. 保育教諭の仕事

(1) 認定こども園

　認定こども園制度は、就学前の子どもに対する教育及び保育並びに保護者に対する子育て支援を総合的に提供する仕組みとして、「就学前の子どもに関する教育、保育等の総合的な提供の推進に関する法律」（通称「認定こども園法」）が制定され、2006（平成18）年度より始まりました[*5]。「子ども・子育て新制度」を背景に、2012（平成24）年に改正された「認定こども園法」では、従来の幼保連携型認定こども園は廃止され、新たに学校及び児童福祉施設としての法的位置づけをもつ認可施設としての幼保連携型認定こども園が創設されました[*6]。

　認定こども園は、これまで保育所が担ってきた0歳児からの保育と、幼稚園が行ってきた教育の両方を行うもので、保育を必要とするしないにかかわらず受け入れ、保育・教育を一体的に行います。さらに、認定こども園は、地域の子育て支援事業も行います。

(2) 保育教諭の仕事

　保育教諭は、幼保連携型認定こども園で働く保育者のことをいいます。幼保連携型認定こども園もまた、保育所、幼稚園と同様に、その保育は環境を通して行うものです。幼保連携型認定こども園では、0、1、2歳の園児に対しては特に健康、安全や発達の特性を踏まえて保育を行い、満3歳以上の園児に対しては、幼稚園の教育時間に相当する4時間程度において同一学年の園児で編成された学級で教育を行います。在園時間が異なる多様な園児がいるため、園児の生活が安定するように、1日の生活のリズムを整える工夫が求められます。

　幼保連携型認定こども園の保育内容については、内閣府、文部科学省、厚生労働省の連名で「幼保連携型認定こども園教育・保育要領」が出されています。これは、保育所保育指針、幼稚園教育要領との整合性を図りながら、子育て支援に関する内容を盛り込み作成されています。保育教諭は、子どもの保育を行う、保護者の支援を行う、地域の子育て支援を行うという3つの役割を担うことになります。

(3) 子育てへの支援

①保護者への支援

　保護者への支援は、子どもの利益を最優先としながらも、保護者の子育て力の向上が図れるように支援していきます。保育教諭は、地域や家庭の実態

[*5] 認定こども園法第1条「この法律は、幼児期の教育及び保育が生涯にわたる人格形成の基礎を培う重要なものであること並びに我が国における急速な少子化の進行並びに家庭及び地域を取り巻く環境の変化に伴い小学校就学前の子どもの教育及び保育に対する需要が多様なものとなっていることに鑑み、地域における創意工夫を生かしつつ、小学校就学前の子どもに対する教育及び保育並びに保護者に対する子育て支援の総合的な提供を推進するための措置を講じ、もって地域において子どもが健やかに育成される環境の整備に資することを目的とする」。

[*6] 認定こども園には、幼保連携型、幼稚園型、保育所型、地方裁量型の全4種類があります。

を踏まえ、保護者の気持ちを受け止め、信頼関係を育みながら保護者の支援を行います。その際、専門的な知識や技術を活かしながら支援に取り組みますが、保護者の思いを大切に、やり取りを重ねながら、保護者の自己決定を尊重していくことが大切です。保護者が主体的に子育てに取り組み、子育ての喜びを感じられるように支援していきます。

②子育て支援事業

　幼保連携型認定こども園は、地域の子育て支援事業の拠点として重要な役割を果たします。認定こども園法第2条第12項には、子育て支援事業に関する規定が記されています。以下の4項目は、認定こども園法第2条第12項に記された子育て支援事業を4つに分類したものです。

　子育て支援事業では、保護者からの相談を受けたり、一時的な保育を行うほか、養育の援助を行う民間団体や個人との連絡や調整、情報提供なども行うことが規定されており、地域の子育て支援の中核施設としての役割が求められていることがうかがえます。

子育て支援事業
4つの分類

① 地域の子どもの養育に関する各般の問題につき保護者からの相談に応じ必要な情報の提供及び助言を行う事業。
② 保護者の疾病その他の理由により家庭において養育を受けることが一時的に困難となった地域の子どもに対する保育を行う事業。
③ 地域の子どもの養育に関する援助を受けることを希望する保護者と当該援助を行うことを希望する民間の団体若しくは個人との連絡及び調整を行う事業。
④ 地域の子どもの養育に関する援助を行う民間の団体若しくは個人に対する必要な情報の提供及び助言を行う事業（主務省令で定めるもの）。

（認定こども園法第2条第12項より）

ふりかえりメモ：

第2節　保育者の職務内容

　この節では保育所、幼稚園、認定こども園における保育者の職務内容について学びます。保育者には保育を行う以外にも多くの仕事があります。どれも大切な事柄で、それぞれの仕事は子どものより良い生活に結びついていくものです。

　保育所を例にあげてみましょう。表4－2は、ある保育所での役割分担の一例です。保育士、主任保育士、園長それぞれに役割があるほか、看護師や栄養士なども、それぞれの専門性にもとづいた役割があります。保育士においては、クラスを担当して保育を行うほか、早番や遅番、清掃や保育備品の管理、消耗品の整理などがあげられています。これらは、保育者等の経験や力量、それぞれの専門によりできることは異なるため、園長が保育者等の能力を考えながら割り当てていきます。割り当てられた分担は責任をもって行います。

保育者のキャリアアップに注目が集まっています（詳しくは本章第3節へ）。

表4－2　保育所における園務の分掌例（N保育所の場合）

職　名	職務内容
園　長	・経営、運営管理　・事務管理　・職員管理　・園舎管理 ・保育理念と方針の確立　・地域との連携　・組織や団体への参加及び協力 ・その他渉外連絡
主　任	・指導計画の作成指導　・教材、物品の管理　・保護者との連携 ・安全・給食に関する計画・指導
保育士	・各クラス担任　・時差出勤による当番（早番・遅番等） ・清掃及び保育備品管理　・消耗品の整理等
看護師	・健康管理、衛生管理　・応急処置（医療機関への移送通院） ・薬品管理　・0歳児の保育補助
栄養士 調理師	・献立表の作成、整理　・調理の実施 ・炊具・食器の管理　・給食人員、嗜好調査　・調理
事務員	・経理・庶務事務　・事務備品の管理
庁務員	・園舎内外の清掃・整頓に関する事項　・園舎の保全に関する事項 ・花壇や樹木の保全に関する事項
嘱託医	・園児及び職員の健康に関する指導　・園舎の衛生に関する助言

出典：田中亨胤・尾島重明・佐藤和順編著『保育者の職能論』ミネルヴァ書房　2006 年　p.70

　では、保育士の仕事を中心に、具体的な仕事内容をみていきましょう。

1．乳幼児の保育

　保育士の仕事の中心は、乳幼児の保育となります。特に、0、1、2歳児においては養護が重要です。乳児はきめ細やかな配慮と、家庭との緊密な連

携が求められます。保育は担当制をとり、できるだけ同じ保育者が愛情をもってかかわり、愛着関係を育むようにしていきます。

1、2歳児は、一人一人の発達に配慮しながらも、集団生活になじめるように遊びを工夫しながら保育を進めていきます。また、言葉を多く覚える時期であるため、言葉を育む環境にも配慮が必要となります。

3、4、5歳児は、養護に配慮しながらも、子どもたちが主体的に環境にかかわり、豊かな体験により多くの学びが得られるように保育のねらいを立て、計画的に保育を展開していきます。

2. 諸表簿の作成および管理

保育を行うにあたっては、全体的な計画、指導計画といった保育の計画を作成し、子どもの成長・発達の見通しをもつことが必要です。また、日々の保育の記録を残すことも重要です。そのほか、子どもに関する書類として、出席管理簿、個々の健康・発達状況を記載した帳票、保育要録の記入などがあります。保護者への連絡書類としては、連絡帳の記入、クラスだよりの作成があげられます。これらの子どもに関する書類は、個人情報が漏えいしないよう、管理には十分な配慮が必要となります。

3. 環境整備と危機管理

保育の場では、子どもの安全が保障されるとともに、さまざまな環境にかかわる機会を得ることが重要です。そのためには、危機管理マニュアルを作成し、保育施設および園庭のすべての場所が安全で、清潔に保たれるようにします。遊具や道具の点検、砂場や植物周辺での危険な生き物や動物のフンの確認、トイレや手洗い場・足洗い場など、項目をあげて朝夕に確認することが必要です。感染症の予防対策も行います。また、災害時や不審者の対応マニュアルも作成し、役割分担を職員内で確認しておきます。アレルギーや持病のある子どもに関しては、保育者間での周知や、緊急時の連絡先の把握をしておきます。障害のある子どもが生活しやすい場づくりも必要です。

4. 延長保育やバスの乗車担当

園や施設によっては、早朝保育や延長保育、休日保育、幼稚園の預かり保

育などにおいて交代で保育を担当する場合があります。この場合、通常の保育時間の担当者と連携を図り、子どもの生活リズムに配慮しながら保育を行うことが必要です。また、バスで子どもの送迎を行っている園や施設では、交代で保育者が乗車する場合があります。保育者とのやり取りを必ず担当保育者に伝えるなど、こちらも保育者間での連携が重要となります。

5. 保護者の支援

　保育者の職務内容として、子どもを保育するとともに保護者への支援と指導も重要とされています。近年、保護者の育児力の低下や育児不安、虐待が問題となっています。保護者の不安が軽減され、育児に自信をもって取り組めることで、子どもへの精神的影響も異なってきます。保護者の幸せが子どもの幸せにつながることを意識し、保護者の気持ちに寄り添い、子育てについてともに考えながら、ときには専門的知識や技術を活かし、支援にあたるようにします。子ども一人一人に個性があるように、保護者もそれぞれ家庭の事情、個々の抱える悩みや問題は異なります。保育者は、幅広いニーズに対応できるよう見識を広めるとともに、一人で抱え込まず、先輩や園長・所長、主任指導者に相談しながら保護者への支援を行うことが望まれます。

6. 地域における子育て支援

　保育所、幼稚園、認定こども園は、地域の子育て家庭への支援を行う役割があります。特に、認定こども園は、地域の子育て支援事業の拠点となっており、さまざまな子育て支援活動に取り組んでいます。取り組みには、未就園児が園庭の遊具などで遊べる園庭解放、子育て相談、育児方法に関する講習会の開催、親子体操、子育てサロンなどがあります。近年、父親の育児参加促進のために、父親を対象とした育児講習会などを開催する園もあります。多くは、園長はじめ副園長、主任、担当が割り当てられた保育者などが行います。特に、子育て相談は園長が担当することが多いようです。

第3節　初任者・中堅者・管理職の役割

　保育を行う場では、新任の保育者（以下、「初任者」といいます）、数年の保育経験がある中堅の保育者（以下、「中堅者」といいます）、そして主任や副園長や副所長（以下、「副園長」といいます）、園長や所長（以下、「園長」

といいます）などの管理職といった経験年数の異なる保育者が存在し、組織体として機能しています。初任者、中堅者、管理職とそれぞれの立場には役割があります。ここでは、その具体的な役割をみていきましょう。

管理職
・集団の組織づくりを行う
・園や施設の運営・管理を担う
・危機管理をする
・事務分掌の采配をする
・地域や関係機関との協力体制を作る
・保護者の対応や子育て支援を行う
・職員の研修に関する企画・運営をする

中堅者
・初任者への指導を行う
・同僚との連携を図る
・行事で中心的な役割を担う
・「副主任」や「専門リーダー」となる

初任者
・地域の様子を知る
・園の方針を理解する
・施設の設備を知る
・保育の計画を立て実践する
・保育の振り返りを行う
・園内の研修を通して保育の知識と技術の向上を目指す

図4－1　初任者・中堅者・管理職の役割

出典：筆者作成

1. 初任者の役割

　初任者とは、どの保育者も必ず通る道です。保育実習やボランティア等で子どもと断続的にかかわっていた学生のころと違い、継続して子どもの成長を追っていく喜びを感じるとともに、多くの職務内容にとまどいを感じながら、日々を過ごす人も多いでしょう。継続して子どもをみることで、それまでに学んだ知識がようやく実践と結びつき、理解できることも増えていきます。「子どもの育ちを見通す」ことや、「子どもの姿から明日の保育を考える」といったことができるようになっていきます。

　初任者の保育所や認定こども園の勤務においては、0、1、2歳児の複数担任のクラスに配属されることが多く、先輩保育者から助言や指導を受けながら保育の仕事を学んでいきます。3、4、5歳児クラスでは副担任となる場合が多いようです。1クラスの人数が少ない場合や、初任者が多い場合は担任として配属される場合もあります。

　一方、幼稚園においては副担任として配属される場合もあれば、最初からクラス担任を任される場合も多くあります。幼稚園は、基本の保育時間は4時間であるため、保育の準備や振り返りにかける時間や、園長や主任、先輩

に相談する時間が確保しやすいでしょう。1年目でクラス担任ということに不安にならず、任されていることへの自信をもち保育に臨むことが重要です。

2. 中堅者の役割

　中堅者は保育者として数年経験を積んでいるため、保育にも慣れ、保育の技術も身についてきます。保育の流れや展開を予測する力もつき、子ども同士のけんかなどのトラブルにも素早く対応することができるようになります。

　中堅者は、先輩として初任者への助言や指導を行う立場でもあります。事務分掌においても担う役割は増え、同僚との連携がより重要となります。園内行事においても中心的な役割を担い、保育者集団においてそれぞれの力が発揮されるよう導くことが求められます。また、管理職の指導のもと、教育課程・全体的な計画を具体化し、保育の実施後は評価・反省をもとに、指導計画を改善していくなど保育の計画においても中心となり進めていく役割を担います。このように、保育の職務が多岐にわたり、あらゆる面において中心的な立場となっていくのが中堅者の立場です。

　一方で、中堅者は、年齢的にも結婚、出産といったプライベートにおける変化を経験する人が多く、職場を離れる人もいます。子育てとの両立のために短時間の勤務を選択する人もいます。ライフステージに合わせた働き方を考える時期でもあるといえるでしょう。

保育者になってもスキルを伸ばす研修が大切です（第10章参照）。

> **注目コラム　中堅者のキャリアアップ**
>
> 　厚生労働省は、保育士のキャリアアップや処遇の改善に向け、2017（平成29）年4月より「副主任保育士」、「専門リーダー」、「職務分野別リーダー」の役職を新設しました。主任保育士に次ぐ「副主任保育士」と、保育の高い専門性を身につけた「専門リーダー」は、おおむね勤続7年以上の中堅者が対象となります。保育士はこの役職を得ることで月々4万円が給与に上乗せされます。役職を得るには、勤続年数以外にも、都道府県が実施する研修を修了していることが条件となります。研修では、①乳児保育、②幼児教育、③障害児保育、④食育・アレルギー、⑤保健衛生・安全対策、⑥保護者支援・子育て支援、⑦保育実践、⑧マネジメントの計8つの分野の研修が行われます。
>
> 　このような中堅者の仕事に対しての評価は、中堅者の仕事への自信ややりがいを支え、保育の質の向上や保育士不足の解消へ向けての希望となるでしょう。

3. 管理職の役割

　管理職は、保育者集団の組織づくりと、保育者の力量形成を支える責任者としての立場を担います。園の運営に加え、施設や設備の管理、園児および職員の危機管理、保育者の配属、事務分掌[*7]の采配、地域や関連機関との協力、保護者対応など、管理職の役割と責務は大きいものです。管理職のなかでも園長の責任は大きく、状況と課題に対する的確な判断が求められます。副園長・主任は園長と中堅者の間に立ち、保育集団がうまくまわるよう采配する役割を担います。対外的な仕事を園長が担う一方、副園長、主任は保育が滞りなく進むよう、園内の状況の把握と職員への助言・指導が求められます。

　管理職は、勤務する職員の資質向上を図るために研修を企画することも職務の一つです。現在の園の状況を把握し、必要な研修を企画、実施し、保育者の育成を行います。

　地域の子育て支援における活動も、クラス担任をもっていない管理職が中心となって行う場合が多くあります。園内での保育の様子のみならず、地域にも目を向け、幅広い視点で園の運営に携わることが求められます。

[*7] それぞれの機関や役割のなかで担当する仕事のこと。

ふりかえりメモ：

 **演習課題**

Q 保育の仕事と一般の営業職や事務職などは、どのような点が最も異なるのでしょうか。また、どのような点が一般の仕事と共通しているでしょうか。表4－2「保育所における園務の分掌例」を参考に考えてみましょう。

ホップ 自分の感じたことや思ったことを箇条書きで書き出してみましょう。

……………………………………………………………………………………………………

……………………………………………………………………………………………………

……………………………………………………………………………………………………

ステップ 「ホップ」で書き出したことをもとに話し合ってみましょう。

……………………………………………………………………………………………………

……………………………………………………………………………………………………

……………………………………………………………………………………………………

ジャンプ 話し合った内容を文章にまとめてみましょう。

……………………………………………………………………………………………………

……………………………………………………………………………………………………

……………………………………………………………………………………………………

【引用文献】
1）厚生労働省雇用均等・児童家庭局「児童養護施設入所児童等調査結果」（平成25年2月1日現在）2015年1月時点の資料より

【参考文献】
今井和子『主任保育士・副園長・リーダーに求められる役割と実践的スキル』ミネルヴァ書房　2016年
公益財団法人全日本私立幼稚園幼児教育研究機構監修『新盤　研修ハンドブック』世界文化社　2015年
厚生労働省「社会的養護の現状について（参考資料）」2017年3月（http://www.mhlw.go.jp/bunya/kodomo/syakaiteki_yougo/dl/yougo_genjou_01.pdf）
厚生労働省『保育所保育指針』フレーベル館　2017年
田中亨胤・尾島重明・佐藤和順編著『保育者の職能論』ミネルヴァ書房　2006年
内閣府・文部科学省・厚生労働省『幼保連携型認定こども園・教育保育要領』フレーベル館　2017年
文部科学省『幼稚園教育要領』フレーベル館　2017年

第5章
専門家として子どもとかかわる

 エクササイズ　　自由にイメージしてみてください

保育者になったら、子どもたちとどんな歌をうたいたいですか。

第5章 専門家として子どもとかかわる

この章のまとめ！ 学びのロードマップ

- 第1節
  子どもにとって、遊びとは「生きること」です。保育者は、専門家として、子どもの遊びにどのようにかかわればよいのでしょうか。さまざまなエピソードを通して考えてみましょう。

- 第2節
  実際の保育では、養護と教育を一体とする保育が行われています。保育者は常に子どもを温かく、やさしい心で見守る姿勢や日々の保育を振り返り向上する気持ちが求められます。

- 第3節
  保育者の専門性について、エピソードを通して考えてみましょう。

- 第4節
  子どものまわりには多くの危険が潜んでいます。安全や危機を管理する「リスクマネジメント」が必要不可欠です。

この章の なるほど キーワード

■**養護と教育**…保育者には、つねに養護と教育が一体的に展開される保育を意識することが大切です。

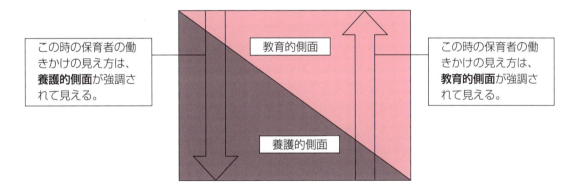

保育における養護と教育の見え方の位相（イメージ）

出典：保育の言語化等検討特別委員会『養護と教育が一体となった保育の言語化』全国保育士会　2016年

養護的側面が減少するにともなって、その分、教育的側面が増加します。まるで、シーソーみたいですね。

第1節　子どもの遊びと育ち

1. 子どもにとっての遊びとは

（1）遊びの目的とは

　子どもにとって、遊びとは生活そのものであり「生きること」です。子どもは、遊びながら多くのことを学び、成長します。そして、心を豊かに育むのです。

エピソード（1）　けん玉遊び（5歳児）

　地域の方々との交流会で昔遊びの出し物がありました。そこで、けん玉名人の演技に興味を示したケンジとソウタ。何度も名人の近くに行っては、けん玉をさわらせてもらったり、やらせてもらったりしていました。

　次の日、保育者が保育室にけん玉の用意をすると、すぐに2人は興味を示しました。「けん玉の持ち方はこうやなあ」「足はこのくらい開いていたな」と、名人の姿を思い出しながら足の屈伸をやり始めました。初めは大皿に挑戦し、何度もくり返していると、ケンジがうまくのせられるようになりました。一方、ソウタはケンジと同じようにやってみますがのりません。ソウタがなかなかできなくて目に涙が見え始めました。

　ケンジはソウタの姿を見て「足のリズムに合わせたらできるよ」と屈伸をしてみせます。すると、リズムのタイミングが合ったのか偶然に一度、大皿にのせることができました。「ケンジくんのったよ」「ソウタくんやったあ」と喜びを共有し、ケンジは、けん玉の上下を反対にして小皿に挑戦していました。降園時間まで汗だくになって遊び終えたケンジは「明日もやろな」とソウタを誘い、ソウタは「うん、やりたい。家でもやりたい」と力強く言いました。

　乳幼児期における遊びは、子どもたちの興味・関心にもとづく、自発的かつ主体的に行われる活動で、同じことを何度も繰り返していることが多いのが特徴です。エピソード(1)では、ケンジはまずけん玉（遊び）のおもしろさに引き込まれました。そして、その環境に積極的にかかわり、皿にのせること（遊ぶこと）に喜びを感じると、さらに充実感を求めながら真剣に取り組み始めます。ケンジやソウタにとってけん玉遊びは皿にのせることを達成する手段ではなく、けん玉遊びの行為そのものが目的なのです。

　しかし、保育現場の実態は、必ずしも子どもの世界を大切にしたものばか

りではありません。たとえば、保育者が子どもの主活動として「けん玉」をさせるとき、早くけん玉に慣れることやうまくできることを主眼として練習させることは、よくある光景です。でも、それは「保育の目的」となってしまい、「けん玉のおもしろさを知る」という本来の遊びの活動から外れてしまうことになります。まして、保育者が子どもに必要以上の練習をさせ、遊びというより訓練に近い活動を求めるのでは、それは子どもの興味・関心に反した、価値観の押しつけになります。

　また、主活動の保育内容を「〇〇遊び」と名づけて、子どもを受け身にして取り組ませる活動は、乳幼児期のふさわしい遊びとはいえません。ともすると保育者は、幼児の遊びのなかに別の目的をもち込もうとしがちなので、気をつけたいものです。

（2）偶然を活かす

　もう一つ子どもの遊びで大事なことは、"偶然"という要素です。ソウタが遊びの最中に、偶然大皿にのせました。この偶然が生じたことから皿にのせるタイミングをつかみ、小皿にチャレンジしようと遊びが発展します。ソウタがそれまでの遊びの経験から獲得した知識が、偶然の体験により打ち砕かれ、新たな発見によって喜びを生み出したのです。それは、ソウタ自身だけでなく、ケンジの姿に影響を受けたように、他児にもたらされることもあり得ます。

　このような実体験にもとづく学びは、子どもに満足感や達成感をもたらすだけでなく、挫折感や葛藤を乗り越える力につながり、保育のねらいである「心情・意欲・態度」を形成する基礎となっていきます。遊びの根底には、子どもの内側からわき上がってくる「楽しさ」や「おもしろさ」のなかに内発的動機（自己決定感・有能感など）があります。さまざまな遊びの経験（実体験）の積み重ねが、精神の発達を促していくことを覚えておきたいものです。

2. 子どもの遊びを中心とした総合的な保育

　保育のなかの遊びでは、子どもが自ら興味をもって取り組むような環境づくりが大切です。遊びに積極的に入っていくことで、子どもは現実から解放され、精神的にも安定します。そうした遊びを経て「自発性や積極性」が育まれるばかりでなく、さまざまに遊びが発展するなかで、考えたことを言葉で表現したり、表情や身体で表現したりすることができるようになります。つまり、遊びは子どもの「集中力や自己表現力」を育てるうえでも重要で、

保育ではこれらを踏まえて実践することも大切になります。

　遊びがもたらすものを大きく分類すると、「社会化側面」「知的発達の側面」「身体的・生理的側面」「自己治癒の側面」[1]の4つに分けられますが、これらは別々に発達するものではありません。子どもの遊びは全身を使う活動であり、遊びの過程で心や知能に関係するさまざまな要素が相互に働き合っています。社会性と知力と体力と精神力は総合的に発達していくのです。こうしたことは、複雑な遊びだけではなく、単純と思える遊びについてもいえます。

エピソード (2)　「だるまさんがころんだ」（4、5歳児）

　園庭で、ハヤト、ワカナなど数人の5歳児が集まって、「だるまさんがころんだ」で遊んでいます。そこに4歳児のミクたちが一緒に加わりたくて見ています。なかなか「入れて」と声をかけられずにいました。
　5歳児のハヤトが「一緒にやる？」と声をかけると、4歳児のミクたちは「うん、やる」と言って遊びに加わり、ミクがオニになることに決まりました。しかし、ミクが「ようわからんかもしれんよ」と言っています。そこで、ハヤトが「えーとな、こうやってな、ダ・ル・マ・サ・ン・ガ・コ・ロ・ン・ダ言うてな……」と実演つきで説明をしています。それでもミクは「？」と頭をひねっています。ハヤトとワカナは必死になって「えとな、こうやってな、ダルマサンガ…って言うんや。そしてな……」とミクの顔をのぞき込んでは、何度も説明をしています。不安そうなミクを見て、ハヤトが「わかった？　はじめは一緒にオニになったろか？」と言うと、ミクはにっこり笑ってうなずき、遊びが始まりました。

　エピソード(2)のように、伝承遊び「だるまさんがころんだ」には、当然コミュニケーションが必要になりますが、ミクのように新たな参加者のなかには遊びのルールを理解していないものもいるかもしれません。それを説明するためには、「だるまさんがころんだ」の内容を組み立てる能力と、それを伝える言語的コミュニケーション能力が必要になります。子どもにとって経験的にわかっているルールでも、それを知らない人に説明するには、高度な認知能力がなければなりません。
　さらに、瞬時に走り出したり静止したりする運動能力や、オニになったときの数を数える能力、不正を行わない道徳性も必要になります。たかが「だるまさんがころんだ」でも、遊びがスムーズに行われるためには、自制心や

協調心を始め、状況に対応できるさまざまな非認知的能力が必要になります。

エピソード(2)では、保育者は遊びに加わっていませんが、子どもたちにとって何が今必要なのか、何が育っているのかを理解したうえで、子どもの主体性を大切にする指導が行われたならば、遊びはおのずと総合的なものになるのです。

3. 遊びと食育

子どもが遊びを十分に満喫するためには、体が健康であることが基本です。保育所保育指針の第3章健康及び安全の「食育の推進」には、保育所における食育について、「健康な生活の基本としての『食を営む力』の育成に向け、その基礎を培うことを目標とする」ことが明記されています。乳幼児期に、食生活の基本的生活習慣を身につけることの重要性と、保育所の役割を述べているわけです。

具体的には、それぞれの地域の特徴を活かして創意工夫された食育計画を立て、毎日の生活と遊びのなかで野菜や果物を育てて調理するなどです。子どもたちが自ら意欲的に食にかかわる体験を用意することで、食をさまざまな面から楽しみながら、家族や友だちとの交流を深めることができます。

乳幼児期の食育で大切なことは、自然の恵みや、食材を育て、調理し、食事を整えた人への感謝の気持ちを育むとともに、自分の命と同じように、すべてのものに対する命を大切にする気持ちを育てることです。特に保育者は、時間やその後の保育内容不足を気にするあまり、食事時間を短縮するようなことがあってはいけません。十分な食事時間を確保することが大切です。

食事をする部屋は空き部屋やホールを利用して、温かなくつろげる雰囲気を作ります。適切な採光や食卓テーブル、カバー等の環境や小道具を整えるとともに、音楽を流したり、保育者がエプロンをつけたりするなど、さまざまな工夫をすることによって、親しみのある場が生まれます。さらに、クラスや園の友だちだけでなく、地域の人や保護者と一緒に食事をする機会を設け、食を通して人とかかわる力が育つような環境を整えることも、保育者の大切な役割です。

 ふりかえりメモ：

第2節　保育者の専門性とは

1．養護と教育の一体性

　保育は、養護と教育が一体的に展開されながら、内容が豊かに繰り広げられていくものです。そのためには、子どものかたわらにいる保育者が、子どもの気持ちをしっかり受け止め、子どもの育ちを見通しながら、適切な援助とかかわりをすることが必要です。

　養護と教育の一体性については、保育所保育指針の第1章総則に、「保育における養護とは、子どもの生命の保持及び情緒の安定を図るために保育士等が行う援助や関わりであり、保育所における保育は、養護及び教育を一体的に行うことをその特性とするものである」とあります。

エピソード（3）　授乳（0歳児）

　0歳児のヒカリは、おなかが空いたときに泣きます。保育者は「おなかが空いたのね」と言葉をかけ、授乳を始めます。保育者は、「いっぱい飲んでね」とやさしくほほえみながら飲ませます。ヒカリは、自分の指でほにゅうびんを持とうとしながら飲んでいます。

　授乳ひとつとってみても、教育と養護に支えられているといえます。乳児はお乳を飲ませてもらわないと生きること（養護：生命の保持）ができません。ヒカリはおなかが空いたときに泣くとお乳をもらえることを学習し、生理的欲求が十分に満たされる方法を知ったといえます。また、保育者から「おなかが空いたのね。いっぱい飲んでね」とやさしく飲ませてもらうことで、気持ちが安定し（養護：情緒の安定）、保育者に愛情を感じ、信頼感をもちます（教育：人間関係）。そして、自ら進んでほにゅうびんを自分の指で持とうとします（教育：健康）。

エピソード（4）　おむつの交換（0歳児）

　0歳児のソウスケは、おしっこやウンチでおむつが汚れると不快感を訴えて泣きます。保育者は「気持ちが悪いのね。すぐに取り替えて気持ちよくしようね」とやさしく言葉をかけ、交換台に行きます。「いっぱい出てえらい、えらい」とほめ、交換し終えると「気持ちがいいね」「気持ちが

いいね」と繰り返し語りかけます。泣きやんだソウスケは「うー、あー」と喃語で返し、まるで会話をしているようです。保育者は、最後に足を伸ばしたり縮めたりする姿をみて少し手を添えて行いながら、「元気元気」と言って終わりました。

　おむつの交換でも同様です。一人で着替えることができない乳児にとっては、おむつを取り替える（養護：生命の保持）ことは生きるために必要です。ソウスケは「気持ちがいいね」といわれ、不快を取り除かれ、保育者の温かい言葉で気持ちが安定（養護：情緒の安定）し、不快感がなくなった時に使う言葉として「気持ちがいい」を獲得（教育：言葉）します。交換の時には、自身で足を伸ばしたり縮めたりすることに加えて保育者が行うことにより、より豊かな運動（教育・健康）とコミュニケーションの基礎（教育：人間関係）を培うようになります。

　「養護」と「教育」が一体的であるということは、園（所）生活において、生命の保持と情緒の安定（養護）が基礎となり、それによって支えられて、5領域にわたる教育が進められていくという構造を示しています。両者の関係は並列ではなく、安定した養護が前提となって教育が成り立つのです。一人一人の特性や発達の状況に配慮したうえで、子どもが自発的にかかわれる豊かな遊びや生活を通して、「総合的な保育」がもたらされるのです。保育者にはいかなる時も、常にこのような養護と教育の一体性を意識しながら保育していく力が求められます。

2. 保育者に求められる資質と能力

（1）保育者の豊かな愛情と人間性

　保育の仕事を携わるすべての者は、人として子どもを十分に愛する心が根底にあることが望まれます。特に、保育者は常に子どもを慈しみ、やさしい心でかかわっていくことが大切です。子どもは、保育者の温かい見守りのなかで自由に遊びます。人的環境である保育者の姿は、子どもの人格に大きな影響を与えるのです。

　子どもは、それぞれがさまざまな特性をもっています。精神的な不安定から人とは違う行動をする子ども、周りが驚くようないたずらをする子ども、試し行動をする子ども、障害のある子どもなど、同年齢でも一人一人の発達の様相は家庭環境などによって異なります。それらの子どもすべてを肯定的に受け入れ、心に寄り添い、理解し、共感しながら、子どもに合った次の段

階へと成長させることが大事です。保育者は子どもへ豊かな愛情を注ぎつつも、あせらずに見守る心のゆとりをもつこと、そして道理をわきまえた保育をすることが求められているといえるでしょう。

　そのためには、保育者は、常に良い保育者になりたいという気持ちをもち続け、努力を惜しんではいけません。「おはようございます」の挨拶で子どもを出迎え、「さようなら」の挨拶で保護者に引き渡すまでの間、子どもは保育者とともに生活をしています。温かくゆったりとした雰囲気をかもし出せる人、ほほえみながら体でユーモラスな表現ができる人、子どもたちと楽しく遊ぶことに喜びを感じる人、言葉の表現が美しく健康で明るい人、すべての子どもを包み込むやさしさがある人、そして、いつも感動を失わず前向きに向上しようとする人でありたいものです。

エピソード (5)　保育者は子どものモデル

　4月の入園当初、保育者は朝の会で一人一人の名前を呼び、出欠確認を行います。「今日はヒマリちゃんが風邪でお休みです。熱が38度もあるんだって。早く元気になるといいね」と必ず欠席者の名前と理由を説明します。
　5月中旬のある日、ミサキが熱で欠席しました。保育者はいつもと同じようにミサキの欠席理由を話しました。すると次の日、カホの母親から連絡帳に「先生、うちのカホが、今日ミサキちゃんはお休みだった。熱が出たんだってかわいそうだねぇ。早く良くなるといいね、と帰宅するとすぐに話しました。カホが友だちの名前を言って心配する姿に感動しました。先生がされていることを見ているのですね。ありがとうございます」と記述されていました。

　入園当初、友だちの名前がわからず、遊びが続かないことがあります。この保育者が、朝の会で名前を呼び、出欠をとるねらいは、「子どもたちに友だちの名前を覚えてほしいという願いと、病む人をいたわる心を育てたいという願いとがあります」と言っていました。このことはカホの連絡帳に母親が記したとおり、カホが保育者の姿をモデルとしてミサキを心配し、思いやる温かい言葉をまねながら自然に育っていることがわかります。このようなモデルとして示す人的環境がクラスの雰囲気を作り、善悪の判断、いたわりや思いやりなど道徳性を培っていくのです。

　逆に、子どもに物を渡すときに放り投げて渡したり、昼寝中の子どもを平気でまたいで通ったりする保育者や、子どもにきつい口調で話す保育者のクラスの子どもたちは、保育者の姿をモデルとして同じような行動をとりがち

です。友だちに対してきつい口調になると、人間関係の構築に問題が生じることが多くなります。保育者は自分自身の行動する姿を一つ一つ見直し、子どもにとってよりすばらしいモデルとなる努力を惜しまないことです。

> **注目コラム　清らかな環境づくり**
>
> 筆者は常日ごろ、学生に「トイレを使用したあと、退出前に手洗い場を確認しましょう。化粧品の粉や髪の毛が落ちていると、後から使用する人がどのような気持ちになるかを考えられる人になりましょう」と話します。日常生活での行動は、保育には必ずあらわれるものです。自身を完璧な人間とあなどらず、常に謙虚で、より良い人間性を身につけようと日々邁進したいものです。

（2）保育者に求められる専門的能力

　保育者の仕事は、子どもが好きでなければなかなか難しい仕事です。しかし、子どもへの愛情だけでは保育者の仕事は成り立ちません。保育所保育指針の第1章総則は、保育期を「生涯にわたる人間形成にとって極めて重要な時期」とし、「生涯にわたる生きる力の基礎を培うため…保育の目標を踏まえ…資質・能力を一体的に育むよう努めるものとする」としています。これらは、家庭での子育てとの質の違いを示し、保育者には専門性が必要であることを明らかにしています。

　保育者は、今日一日をどのように生活するべきか、子どもの発達を見すえながら成長の目標を考えます。そして、それを達成するために特に経験してほしいことを整理し、子どもたちに掲示・提供していきます。子どもの日々の成長がかかっているため、子どもの次の段階の発達を予想しながら、より充実した生活や遊びを準備できる力が必要です。

　それとともに、保育者は実践にあたって、子どもの現在の心理状態や特性などを客観的に理解しておくことも必要です。子どもが今、何を心のなかで考え、何に興味・関心を示しているのかをとらえて保育を行うことも、保育者の能力といえるでしょう。

ふりかえりメモ：

> **エピソード (6)　イチゴを育てたい（4歳児）**
>
> 　秋ごろ、保育者は4歳児にとって植栽の経験が大事だと考えました。そこで、保育者は事前に育てやすく教育的な野菜をいくつか調べて、子どもたちと話し合いの場をもちました。何を育てるか子どもたちと相談しているとき、シオリが「イチゴおいしかったなぁ」とコウタにささやきました。するとコウタが大きな声で「イチゴ折り紙で作ったね」「イチゴの歌もうたった」と叫ぶと、クラス全体が「イチゴ、イチゴ」と盛り上がり、イチゴを植えることに決まりました。
> 　保育者は土づくりを子どもたちと行い、苗を一人一株ずつ植えました。その時、苗の植え方や生長の過程を子どもたちにわかりやすく説明しました。子どもたちは日々、自主的に土の状態を観察し、表面が乾いたら水やりを行い、友だちの苗まで気遣うことができるほどになりました。
> 　そして、5歳児に進級した5月ごろ、自分の苗から赤いイチゴができた子どもたちはみんな大喜びです。その表情は年長児としての自覚と自信にあふれていました。

　保育者は、植栽の種類をいくつか提供しています。そのなかで子どもたちはイチゴを食べたおいしい経験や、製作や歌などの楽しい経験からイチゴを選びました。保育者はその気持ちに寄り添い、楽しかった経験の喜びを共有しながら適切な対応をしています。また、イチゴを植える時のポイントを正しく理解し教えたことで、子どもたちの興味をそそり、関心がいっそう深まったといえます。このように保育者は、子どもに経験してほしいことへの正しい知識をもつとともに、子どもの発達段階をよく理解し、適切な指導を行う方法についても、正しい認識をもつことが求められるでしょう。

（3）保育者に求められる知識・技術・判断

　より良い保育をする保育者は、多方面にわたって知識が豊富です。それも、ただ過去に勉強して記憶した知識ではなく、実感をともなった知識なので、毎日の生活を豊かにする生きた教養が身についているのです。それによって人柄も魅力的になり、保育のすばらしさにつながっていきます。

第5章 専門家として子どもとかかわる

エピソード (7) 「オリンピックだね」(4歳児)

　ユリはいつも保育者と一緒にいることが多く、他の友だちのとかかわりには消極的です。ある日オリンピックを見たと言って国旗の絵を描いたり地球儀を見たりして保育者と楽しんでいました。「ブラジルって日本の反対側にあるね」とユリが保育者に言うと、保育者はうなずいていました。
　その様子を見ていたアユムとリョウが「日本の反対側？ すごい〜」と言って寄ってきました。「日本はここでブラジルがここ」とユリが説明します。アユムが「ぼくお父さんと台湾に行ったことある」と地球儀で探し始めました。一方、リョウは日本の国旗を紙に描いています。アユムは「台湾ってどんな国旗なんかなあ」と絵本コーナーから国旗の絵本を持ってきてアユムと一緒に見ようとしました。
　いつの間にか保育者の元を離れ、友だちと一緒に遊ぶユリと保育者の目が合いました。保育者はニコッとほほえみ、その場を離れました。次の日、保育者は保育室にリオのカーニバルやアマゾン川、コルコバードのキリスト像などの写真を掲示し、ブラジルの雰囲気を作りました。

　エピソード(7)のように、他児とのかかわりに消極的なユリの姿から、保育者はユリには園生活への不安があり自信がもてないのではないかと考え、一緒に過ごすことで気持ちの安定を図っています。そしてユリの興味ある遊びをともに楽しむように過ごしています。また、ユリがオリンピックに興味を示している姿から、絵を描ける教材を準備し、関心が深まるように地球儀や国旗の絵本を整えるなど保育室の環境を工夫しています。同時にユリとアユムやリョウがつながるきっかけができるようにと、保育室の雰囲気づくりを行い、他児にとっても魅力的な環境になるように努めています。
　エピソード(7)の保育者のように、一般教養が深くなればなるほど、子どもとの触れ合いや会話の引き出しが多くなり、質問されたときにあわてず、ゆとりをもって保育にあたれます。保育者も社会の一員です。社会人としての初歩的な知識はある程度知っておくべきです。一般に技術というと、ピアノや歌、運動遊び、折り紙や工作などが浮かびますが、さまざまな国や地域の文化への興味づけを行うアイデア力も技術の一つです。

第3節　保育者の援助技術の向上と言葉がけ

　保育所保育指針解説では「保育士に求められる主要な知識及び技術」として、次の6つをあげています。以下、それぞれについて解説していきます。

> ①　これからの社会に求められる資質を踏まえながら、乳幼児期の子どもの発達に関する専門的知識を基に子どもの育ちを見通し、一人一人の子どもの発達を援助する知識及び技術（**発達援助力**）
> ②　子どもの発達過程や意欲を踏まえ、子ども自らが生活していく力を細やかに助ける生活援助の知識及び技術（**生活援助力**）
> ③　保育所内外の空間や様々な設備、遊具、素材等の物的環境、自然環境や人的環境を生かし、保育の環境を構成していく知識及び技術（**保育環境構成力**）
> ④　子どもの経験や興味や関心に応じて、様々な遊びを豊かに展開していくための知識及び技術（**遊びの展開力**）
> ⑤　子ども同士の関わりや子どもと保護者の関わりなどを見守り、その気持ちに寄り添いながら適宜必要な援助をしていく関係構築の知識及び技術（**人間関係構築力**）
> ⑥　保護者等への相談、助言に関する知識及び技術（**相談・助言力**）

※（　）内は筆者作成

1. 発達援助力と生活援助力

エピソード（8）　ショウタの着脱（2歳児）

　ある日、ズボンの着脱が苦手なショウタが、なかなかはこうとしないのを見て、保育者はズボンを床に置いてはきやすいように広げてあげました。右足を手伝いながら足を通したあと、「右足はズボンのトンネル通ったね、左足も通るかな、ショウタくんがんばってごらん」「先生にショウタくんががんばるところみせてほしいな」などと声をかけながら、必要に応じて手を添えて援助をします。するとショウタは同じ方法で左足をズボンに通し、立ち上がって腰までズボンを引き上げようとしました。
　数日間、それを続けた保育者は、ズボンをショウタの前にはきやすいように整えて、はくお手伝いをやめました。するとショウタは、保育者が自分を見てくれているか確認しながら、ズボンを一人ではき始めました。保育者は、その姿にほほえみを返し、励ましながら見守りました。すると、ショウタは両足を一度にズボンに入れ、立ち上がって腰まで引き上げたのです。

第5章 専門家として子どもとかかわる

　子どもが着脱衣に関して苦手意識のある場合、保育者は前日までの様子からどこまで自力でできているかを把握し、手助けが必要な度合いを考えて、その子どもの気持ちに寄り添いながら関与していきます。その際、大事なことは「自分でやりたい。やってみよう」というモチベーションを維持できる段階がどこまでなのかを判断することです。子どもの気持ちは日々変化するため、基本的な生活習慣でも、苦手なことはチャレンジする気持ちが薄れます。しかし、保育者は日々の生活のなかで、「今この時」と思う瞬間に、子どもが自信をもつ言葉をかけています。

　これとは逆に、「自分でできることはやろうね」とか「昨日はちゃんとできたのに、忘れちゃったの？」などと、保育者のいらだつ気持ちや子どもの人格を否定するような言葉をかけるのは禁物です。子どもの自己肯定感が低くなり、心身の発達に大きな影響を与えます。

2. 保育環境構成力と遊びの展開力

エピソード (9)　布を使って遊ぶ（4歳児）

　運動会後の保育の一場面です。4歳児の保育室のままごとコーナーには、運動会の布遊びで使用した大きな布が用意されています。サキが一枚の布を腰に巻きつけ、ロングドレスに見立てて遊んでいます。保育者は、「好きな曲流してあげようか」と提案し、子どもたちがいつも歌っている音楽を流しました。するとサキは、右手にマイクを持つまねをして歌い、踊り始めました。そこで保育者は「マイクを作ってみる？」とトイレットペーパーの芯を渡しました。するとサキはその上に新聞紙を丸めてカラーテープをはりつけ、ひもをつけてコードに見立て、ハンドマイクを作りあげました。それを見たほかの子が次々と布を腰に巻き、マイクを持って踊り出します。踊りに参加せず、マイクを作り続けるレンもいました。

　徐々に人数が増える様子を見て、サキは嬉しさを隠せず、さらに元気に踊り始めました。レンは「マイクをちょうだい」と言われて次々に手渡します。保育者は「サキちゃん素敵ね。まるで音楽ショーを見ているようだわ。ほかのスターもいるかしら」と言うと、カンナのそばに行ってなにやら話し込む様子。その後、カンナは仲良しのナナミ、タケルを誘い、みんなで一緒に歌い始めました。すると突然、サキはアナウンサーに変身して、インタビューを始めたのです。

子どもは遊びが楽しいと夢中になり、遊びを広げ、深めていきます。

　エピソード(9)では、子どもたちは運動会で使った布を何の先入観もなく、次の遊びに別の目的で使用しています。これも保育者が、「運動会で使って終わり」と考えるのではなく、布の特性を活かした遊びに活用してほしいと願って、保育室の一角に布を用意したからです。保育者は、子どもたちが自発的に遊びを発展させる環境を整えておくことが大事だということです。

　次に、歌手ごっこにほかの子どもたちの参加を促したのは、保育者がサキにさりげなく差し出したトイレットペーパーの芯がきっかけでした。サキの作ったマイクが、他の子どもに歌手のイメージをより強く伝え、仲間に引き込んだのです。さらに、保育者は「他のスターもいるかしら」と言葉を投げかけました。これによりカンナたちのグループが加わり、布を違った形に変化させるという遊びに発展します。

　保育者の一言は、子どもに大きく影響します。もしも、「サキちゃん、今そんなことするときではないよ」「布はそんなことには使わないよ」などという言葉をかけたら、子どもが自発的な遊びを始め、発展させることにブレーキをかけることになります。また、レンのように遊びに参加せず、違う遊びをする子どもに対して、「サキちゃんは歌ってるのに」と比較をする言葉は、個性をつぶすことになりかねないでしょう。保育者は、歌手になりきるサキの周りに集まってきた他児の反応から、子どもたちそれぞれが自分なりに歌手をイメージしていることを感じ取っています。子どもたちには「自分たちがやっていることを、先生が認めてくれている」とわかる言葉を選んで呼びかけたいものです。また、保育者の「素敵ね」という言葉は場の雰囲気を温かくします。「うまっ」「すげー」など男言葉を使用すると威圧的な印象が強い雰囲気になります。保育者のなにげない一言も大事にしたいものです。

3. 人間関係構築力と相談援助力

エピソード（10）　けんかできるクラスに（5歳児）

　4月の終わりごろ、5歳児に進級した子どもたちは、最年長者としての意識を高く持って生活していました。ある日、園長先生は10年経験者の担任（ゆり組）のヒロコ保育教諭から次のような相談を受けました。「園長先生、ゆり組の子どもたちはいい子すぎます。自分の気持ちを押し殺して生活しているのです。私はそうではなく、けんかをして原因を自分たちで探り、解決するクラスに育てたいです。保護者にけんかをしかけていく保育をすることを、5月の保護者会で話してください。私と保護者はまだ

第5章 専門家として子どもとかかわる

信頼関係ができていないので、園長先生にぜひお願いします」。
　園長は保護者会で、子どもたちにトラブルが起きたときに、自分の気持ちを整理して話す力が育っていないことを話し、今年の指導計画にはけんかをしかける保育案を考えていることを伝えました。子どもが登園に不安を示したときは、今わが子は問題解決能力が育っているのだと考え、担任にその状況を連絡してくださったうえで、「大丈夫。先生が守ってくれるから行きなさい」と背中を押して登園させてくださいとお願いをしました。
　その後、5月6月ごろから子どもたちにけんかが起き始め、「あの子が嫌い、行きたくない」などと自分の気持ちを家庭で言うようになりました。その都度、ヒロコ保育教諭は保護者とよく話し合い、家庭での子育てについてほめたり、アドバイスをしたりして支えていきました。

　「けんかができるクラス」の構想が子どもの成長につながったのは、子どもと担任と保護者、そして子どもと保護者と園というような、信頼関係の三角形（人間関係）がしっかり築かれていたからです。特に担任は、10年の保育経験があるにもかかわらず、自身と保護者との関係を冷静に判断し、おごらず園長を頼る謙虚さがありました。さらに、日ごろから園の方針をさまざまな形で伝え、保護者との相互理解ができていること、子ども一人一人を大切にし、子ども同士を仲間として指導してきたこと、子どもが主体的に問題を発見し、解決策を見つけ出す能動的な学びが適切に行われていることなどが、子どもたちを大きく成長させたといえるでしょう。
　また、ヒロコ保育教諭は、保護者とよく話し合いを行っています。送迎時の対話や連絡ノート、面談などを利用して相談・助言をします。特に担任保育者がすべて対応するのではなく、エピソード(10)にある相談内容では、主任や園長（所長）が対応する必要があり、保育者間の連携が重要です。相談援助を行うときは傾聴することを基本に、保護者の心情をとらえながら、理解や共感を示し誠実に説明していくことが大事です。特に倫理（秘密保持など）を遵守することが求められます。保護者自身が納得し気がかりなことが解決できるように援助したいものです。

ふりかえりメモ：

第4節　保育の安全管理と危機管理

幼稚園・保育所・認定こども園は、事故を起こしやすい乳幼児を預かっています。また、子どもの健全な発達を支援するという社会的使命を担っています。安全管理・危機管理は保育の基本といえます。日ごろからさまざまな事故を未然に防止する取り組みが必要になってきます。

1. 子どもの事故

（1）事故の実態

幼稚園や保育園は毎年、平均6万件の事故が発生し、年齢が高くなるにつれ多くなる傾向にあります。重大事故の実態を図5-1にあげました。

安全な保育を行うためには保育者が先の危険を予測して、事故を未然に防ぐこと、なにか事故が起こった際に被害を最小限に抑えることが大切です。そのためには、「リスク」（危険・危機）、と「マネジメント」（管理）の2つをあわせもった、「リスクマネジメント」が必要です。日ごろから保育者の事故感知力と注意力が必要不可欠になってきます。

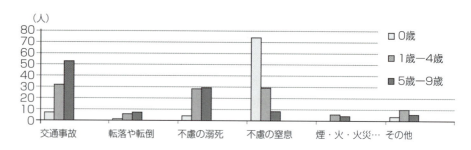

図5-1　「不慮の事故」による子どもの年齢・原因別の死亡数

出典：厚生労働省「平成25年人口動態調査不慮の事故の種類別にみた年齢別死亡数」より筆者作成

（2）安全な保育環境の整備

事故を起こさないための保育環境の分析・改善を行います。たとえば、すべり台の下の地面には、砂や人工芝生、マットを敷き、地面をやわらかくして、クッション性を確保するよう整備をします。また、園児たち自身が遊びながら気をつけることができるよう「押さないで」など、してはいけない行為などについてイラストや「×」印のカードを貼りつけるなどの工夫をすることも重要です。遊具は、気づかないうちに壊れたり、風雨で劣化、変形しています。あってはならない危険性を発見した場合はすぐに修復をします。致死事故や機能障害、運動障害などの後遺症を残すような重大な事故が起こらな

いように、職員の責務で未然に防ぐように心がけましょう。

(3) 子どもと保護者への対応

子どもは、けがをしたことにショックを受けていることが多いです。子どものそばについて、安心感を与えて、落ち着いてから、なぜ、このようなけがをしたかについて、ゆっくりと聞いてあげましょう。

子どもはけがをしながら「こういうふうに遊んだら危ないんだな」と遊びを通して危険への対処方法を学習していきます。園で子どもが遊んだ結果けがをしたのですから、まず園側は病院に連れて行きます。それと同時に、保護者には、その時どういう状況だったのか、大きなけがだろうが、小さなけがだろうが、きちんとありのままを説明することが大切です。

子どもがけがをすると、保育者も保護者もパニックになってしまうものですが、「けがしちゃったあー」ではすみません。死んでしまうような事故が起きることもあり得ます。二度と同じ過ちを繰り返すことのないように反省することが成長できる保育者といえます。

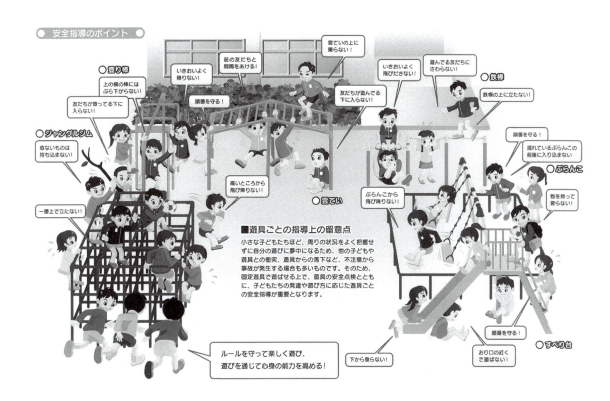

図5-2　安全指導のポイント

出典：独立行政法人日本スポーツ振興センター「学校における固定遊具による事故防止対策」2012年

2. 災害への備え

　2011（平成23）年3月の東日本大震災では、保育現場を丸ごと巻き込んだ大惨事が起こりました。奇跡的に保育所の現場においては、一人の犠牲者も出すことなく子どもたちを避難させることができたといわれています。災害への備えに対する重要性が高まっています。

　被災地域の保育所の対応事例を集積し、災害時に子どもたちをいかに安全に守るかのポイントについて、全国保育協議会（2013年）より「東日本大震災被災保育所の対応に学ぶ――子どもたちを災害から守るための対応事例集」が作成されました。そこには、保育上の備えについてあげられています。具体的には、地震対応マニュアルの作成、迅速な子どもの安全の確保、調理室の火元の確認などです[*1]。

3. 園内の職員の連携

　専門職である保育者は、「子どもの生死にかかわる仕事」であることを認識して、日ごろから専門家による研修や訓練を通して、予防と事故後の迅速な対応ができるようにします。さらに、職員が共通理解できるように職員室などの目につくところに、安全管理や危機管理について話し合ったことを掲示して、いざという際にすみやかに職員が行動にうつせるように、子どもたちの安全を第一にしっかりと取り組みましょう。

[*1] 福島県内では、原発事故以降、放射能に関するさまざまな取り組みがされています。幼稚園、保育所、認定こども園では、①子どもが利用する施設でのリアルタイム線量計の設置、②インターネットを通しての放射線量の確認、③除染情報プラザの開設と情報提供、④放射能に関する不安軽減を図るリーフレットの配布など。

第5章 専門家として子どもとかかわる

 演習課題

Q エピソード「けんかできるクラスに（5歳児）」を読んで、あなたはどのような感想を持ちましたか。また、けんかについての思うことを出し合ってみましょう。

ホップ 自分の感じたことや思ったことを箇条書きで書き出してみましょう。

ステップ 「ホップ」で書き出したことをもとに話し合ってみましょう。

ジャンプ 話し合った内容を文章にまとめてみましょう。

【引用文献】
1）川村春子・中西利恵・増原喜代・内山明子『子どもの育ちと遊び』朱鷺書房　2003年　p.61

【参考文献】
保育の言葉がけ研究会編『保育の言葉がけタブー集園児編』誠文堂新光社　2015年
伊藤美保子・西隆太郎編著『保育の中の子ども達』大学教育出版　2012年
白石崇人『保育者の専門性とは何か』社会評論社　2013年
全国保育協議会『東日本大震災被災保育所の対応に学ぶ－子どもたちを災害から守るための対応事例集－』社会福祉法人全国社会福祉協議会　2013年

第6章
保育のプロセスと質の向上

  エクササイズ　　自由にイメージしてみてください

　保育では子どもの記録を取ることが大切です。その練習として、まずは身近にいる友だちや家族について、それぞれの良いところを記述してみましょう。

第 **6** 章 保育のプロセスと質の向上

この章のまとめ！

学びのロードマップ

● 第 1 節
保育には、目標とする子ども像へと向かうための保育方針に沿った計画が必要です。「教育課程」や「全体的な計画」として、年・月・日ごとに見通しをもった計画を立てます。

● 第 2 節
計画にあげられた「ねらい」「内容」にそって実際の保育が行われているかを「評価・反省」し、それを次に活かす PDCA サイクルによって、常に保育の質の向上を目指します。

● 第 3 節
保育では、子どもの育ちや気づきなど日々の記録を取ることが基本です。また、これらの記録は小学校進学の際にも活かされます。

この章の なるほど キーワード

■ **カリキュラム・マネジメント**…園長・施設長を中心に、全教職員が「社会に開かれた教育課程」という新たな視点で、教育課程を核にして、教育・保育の改善や組織運営の改善を、地域の実態にもとづいて一体的に行うことができる組織文化を形成すること。

計画を立てるのは基本だけど、教育課程（カリキュラム）にそって、具体的に実践、評価、改善していくことも大切です。

第1節　保育の計画

1．なぜ保育には計画が必要なのか

　保育者は、毎日保育を行っています。近所のお姉さんが少しの間子どもたちを預かっているように、ただ子どもたちと遊んでいるわけではありません。保育の計画を立てて、保育者の意図をもって子どもたちと遊んでいます。なぜ、そのような計画が必要となるのでしょうか。確認していきましょう。

（1）家庭での子育ては千差万別

　動物は、子育てを本能で行っています。アフリカのサバンナを思い浮かべてください。キリンやライオン、ゾウ、シマウマ、カバ、ジャッカル等、たくさんの動物がいます。どの動物も子育てを教えられてはいません。しかし、子どもを育てて次の世代に命をつないでいます。このように、動物にとって子育ては、生きることと同じです。また、動物の赤ちゃんは産まれてすぐ立ち上がり、母親のお乳を吸いにいきます。敵に襲われる危険が常にあるので、できるだけ早く自立しなくてはいけません。

　では、人間の子育てはどうでしょう。子どもを出産するときは、病院にいきます。母親一人では子どもを産めません。新生児は、目もほとんど見えず、自分の足で立つこともできず、自分で母親のお乳を探すこともできません。まったく無力な存在です。ポルトマン（Portman, A）は、このような人間の子どもを「生理的早産[*1]」の状態で生まれるといっています。人間の子どもは、たとえ何もできなくても、母親や養育者がすべての世話をしてくれます。泣けば、ミルクが欲しいのか、おしめを替えてほしいのか、さびしいのか、原因を考えて対処してくれます。このようなことは、母親や養育者が教えてもらわなくてもできることでしょうか。

　日本では、妊娠中に出産や赤ちゃんの世話の仕方を保健師さんに教えてもらったり、マタニティ教室に行ったりして学びます。近所の病院、赤ちゃん用品の店、子育て支援をしてくれる団体、近所の保育所・認定こども園・幼稚園の評判、自治体の子育て支援など、母親や養育者はこのようにたくさんの情報を集め、自分の子ども観や子育て観に適した取捨選択を行いながら子育てをしています。それぞれの家庭により、ごはんの味、洋服のセンス、言葉、生活習慣はもちろんのこと、しつけの基準、倫理観も異なります。それは、それぞれの家庭の個性となります。

　家庭での子育ては、千差万別、世帯数の数だけの広がりがあるといえます。それらをすべてありのままに受け止めることが、保育者の最初の一歩です。

[*1] ほかの大型動物が出生時に自力で動ける運動能力をもっているのに対し、人間の子どもは、感覚器は発達しているものの運動能力は未熟な状態で産まれてきます。これは人間が直立歩行するために骨盤が矮小化することで胎児の身体的成長に限界が生じ、本来21か月で誕生すべきところを10か月で誕生するためです。このような状態を生理的早産と呼びます。

家庭をありのままに、子どもをありのままに受け止めて理解することで初めて、一人一人の子どもを特性にもとづいて育てることができるからです。

（2）集団で育てる保育には保育方針が必要

　家庭での子育ては、千差万別です。このような子どもになってほしいという両親や養育者の思いにそって、子どもたちは育てられています。では、幼稚園・保育所・認定こども園のように、集団で子育てをしている場所では、どのような思いがあるでしょう。それぞれの担任の先生が、自分の思いで子育てをしているでしょうか。以下のような例を考えてみましょう。

 エピソード　それぞれの保育者の思い

> 　りんご組の先生は少しくらいけがをしたほうが危険を避ける力がつくと思って、ちょっと危険な遊びをしていても何もいいません。むしろ、少し危険な遊びができるようにしておきます。子どもたちは自分で危険のないように気をつけて遊ぶようになります。一方、みかん組の先生は、子どもたちがけがをしないように予め約束することで、規範意識が育つと思っています。危険な遊びをしていると、すぐに子どもたちと話し合って約束をしてけがをしないようにします。どちらの先生の保育も一理あります。でも、りんご組の子どもたちとみかん組の子どもたちは、一緒に遊ぶことができません。りんご組の子どもたちがしている遊びを、みかん組の子どもたちはできないからです。

　集団保育の場では、園・施設の保育方針を定めておかないと、子どもたちも保育者たちも、保護者も混乱します。一つの保育方針があれば、それにもとづいて細かなルールを決めることができます。エピソードの危険に対する自律についても、どちらの保育方法でするか決めることができます。保育者の保育観、保育方針も千差万別です。しかし、それぞれの保育者が自分のやり方を押し通すことはできません。園・施設に保育方針があって、保育者がその方針にそって保育していると、その園・施設の子どもたちも保育者も保護者も、安心して毎日を過ごすことができます。

（3）集団で育てる保育には、計画が必要

　保育方針というのは、こういう子どもを育てたいから、こういう育て方をするという内容です。つまり、目標とする子ども像に向かう理想とする育て方を示したものです。

幼稚園には「幼稚園教育要領」、保育所には「保育所保育指針」、認定こども園には「幼保連携型認定こども園教育・保育要領」があります。そこには、0歳児の保育では3つの視点により、1歳以上3歳未満児と3歳以上児の保育では5領域で、保育内容が示されています。0歳～2歳の保育では、養護が重視されて、生命の保持と情緒の安定のための保育内容が示されています。また、「幼児期の終わりまでに育ってほしい姿」が示されており、日本では、0歳から就学前に身につけてほしい保育内容が法律で示されていると考えてよいでしょう。

　園には保育方針があって、目標とする子ども像があります。園に入った子どもたちを目標に向かって育てますが、身につけてほしい内容は、前述の通り法律で定められています。環境を整え、遊びを通して、子どもたちが自発的にさまざまな活動に取り組むなかで、だんだんと目標とする子ども像に近づくようにしなければなりません。見通しをもって保育を行う必要があるということです。つまり、在園・在所する期間を見通した計画を立てて、理想とする子ども像へ向かう道筋を計画します。それが、教育課程[*2]や全体的な計画です。

> *2
> 教育課程は、カリキュラム（curriculum）の訳語です。第2次世界大戦後の1951（昭和26）年改訂の学習指導要領で、初めて教育課程という言葉が使われました。教育内容を系統的に配列したものを教育課程といいます。

2. 育てたい子ども像を共有する

　一つの園・施設には、固有の保育方針があり、教育課程や全体的な計画があります。それを全教職員が共有して保育を行うことで、子どもたちの望ましい育ちを期待することができます。ここでは、その構造を知り、保育者として一つの園・施設で働く際の基本的事項を確認しましょう。

(1) 教育課程や全体的な計画の根拠法令
①幼稚園の教育課程

　幼稚園では、在園期間を見通した育ちの過程を計画したものを教育課程といいます。教育課程は、幼稚園教育要領に書かれている5領域の内容を、発達段階やさまざまな要因を考慮して、3歳から就学までの3年間に配列したものです。幼稚園の教育内容の根拠は、学校教育法第22条の幼稚園教育の目的と第23条に書かれている5つの目標にあります。また、学校教育法の条文の根拠は、教育基本法第11条にあります。さらに、第10条（家庭教育）、第13条（学校、家庭及び地域住民等の相互の連携協力）も幼稚園の教育内容に影響を与えています。

②保育所の全体的な計画

　保育所では、在所期間を見通した育ちの過程を計画したものを全体的な計画といいます。全体的な計画は、保育所保育指針に書かれている養護と教育が一体化した内容を、0歳から就学までの6年間に配列したものです。保育所の保育内容の根拠は、「児童福祉施設の設備及び運営に関する基準」第35条の保育所の目的にあります*3。

　「児童福祉施設の設備及び運営に関する基準」には、保育内容についてこれ以上くわしくは書いていません。詳細は、保育所保育指針において、養護の内容として生命の保持と情緒の安定、教育の内容として、幼稚園教育と同様の5領域について書かれているのです。なお、「児童福祉施設の設備及び運営に関する基準」の根拠は、児童福祉法第45条です。

③認定こども園の教育課程や全体的な計画

　認定こども園では、在所期間を見通した育ちの過程を計画したものを教育課程や全体的な計画といいます。教育課程や全体的な計画は、認定こども園教育・保育要領に書かれている養護と教育が一体化した内容を、0歳から就学までの6年間に配列したものです。認定こども園の保育内容の根拠は、認定こども園法第2条第7項～第12項にあります。

（2）各園・施設の教育課程や全体的な計画は異なる

　幼稚園・保育所・認定こども園では、教育課程や全体的な計画を編成する場合、さまざまな要因を配慮します。ここではその配慮事項について学びましょう。

①園・施設による基本方針

　園・施設は、前項の根拠法等を踏まえて教育課程や全体的な計画を作成します。園長・施設長の責任において編成されますが、全教職員がこの基本となる法律等をよく理解していることが求められます。

　そのうえで、幼稚園・保育施設には、それぞれの園に育てたい子ども像や保育方針があります。それがその園・施設の特色となっています。その特色を達成するように、教育課程や全体的な計画が編成されます。全教職員は、根拠法令の理解とともに、その園・施設の特色を理解して教育課程や全体的な計画を編成することが重要です。

②子どもの発達の把握

　教育課程や全体的な計画に示される教育・保育内容や方法が子どもの発達

*3
「児童福祉施設の設備及び運営に関する基準」第35条「保育所における保育は、養護及び教育を一体的に行うことをその特性とし、その内容については、厚生労働大臣が定める指針に従う」。

の実情に即したものでなければ、子どもたちの健やかな育ちを助長することができません。それぞれの子どもの発達の過程や生活経験の違いなどの実情を的確に把握して、教育課程や全体的な計画を編成します。また、幼・保・小の連携の観点から、乳幼児期から児童期への発達についての共通理解を図り、小学校との連携を含んだ教育課程や全体的な計画の編成が望まれています。

③園の環境

　それぞれの園・施設には、それ自体がもっている人的、物的条件や歴史が異なります。開園の時期やその後の変遷から、固有の保育内容や方法をもっています。また、園・施設の規模、設備、保育者数やその年齢構成、その他の職員数により、可能な保育内容や保育方法が生じます。

　たとえば、在園児数300名を超えるような大規模園・施設と、在園児数40名程の小規模園・施設では、異年齢交流、園行事の実施方法等において、異なる教育的配慮が必要となります。それらは、教育課程や全体的な計画に反映されることとなります。

④地域の特性

　教育課程や全体的な計画においては、地域による独自性を配慮する必要があります。自然環境が豊かな地域、都市の住宅街、商店街や工場地帯、どのような立地条件なのかは、どのような保育内容が行えるか、または子どもたちの経験を補うためにどのような保育内容に重点を置くかといった課題を提供します。あるいは、若年層の多い地域、高齢者の多い地域といった特色も、保育内容に影響するでしょう。また、最近では所得の違いにより保護者の保育内容への期待が異なることから、保護者の要望を把握することで、より地域の特性に応じた教育課程や全体的な計画を編成することができるでしょう。

第2節　保育における省察
──PDCAサイクル

1. 幼児の主体性と保育者の意図性

（1）幼児の主体性と保育者の意図性とは

　幼稚園・保育所・認定こども園等では、就学前の子どもたちの資質・能力（「知識及び技能の基礎」「思考力、判断力、表現力等の基礎」「学びに向かう力、人間性等」）を育てることを目的としています。2017（平成29）年の幼稚園教育要領・保育所保育指針等の改訂では、新たに幼児期の終わりまでに育ってほしい幼児の具体的な姿が下記の10項目に示されています。

```
＜幼児期の終わりまでに育ってほしい姿＞
① 健康な心と体
② 自立心
③ 協同性
④ 道徳性・規範意識の芽生え
⑤ 社会生活との関わり
⑥ 思考力の芽生え
⑦ 自然との関わり・生命尊重
⑧ 数量・図形、文字等への関心・感覚
⑨ 言葉による伝え合い
⑩ 豊かな感性と表現
```

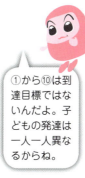

①から⑩は到達目標ではないんだよ。子どもの発達は一人一人異なるからね。

　このように、保育者はこのような10の姿を目指して、意図をもって保育を行います。ここに保育のとても難しいところがあります。まだ何も知らない0歳児に、人としての喜びや悲しみ、生きる楽しさ、人とかかわろうとする志向性などを言葉で教えられるでしょうか。言葉で伝えることはできません。保育者の仕事は、生きる力そのものを順々にゆっくり子どものなかに育むことです。それは子どもたちが、日々の生活を保育者とともに豊かに過ごすことによって成し遂げられます。乳幼児が保育者への信頼を基盤にして、周りの人々や環境に自発的にかかわることにより育つのです。そこで、保育においては、幼児の主体性を引き出す保育者の意図的な環境構成やかかわりが教育・保育方法となるのです。

（2）保育の計画

①教育課程や全体的な計画から指導計画へ

　幼稚園・保育所・認定こども園等では、法令にもとづいた教育・保育内容を幼児の発達状態、園・施設等の特徴、地域の特性等を配慮して教育課程や全体的な計画を編成しています。

　そして、教育課程や全体的な計画にもとづく各年齢の年間計画、その年間計画にもとづく月の計画、月の計画にもとづく週の計画、週の計画にもとづく日案と具体化して、日々の保育を行っています。年間計画、月の計画は「長期の計画」と呼ばれ、あらかじめ年度初めに計画することができます。週の計画や日案は、「短期の計画」と呼ばれ、子どもの発達する姿や子どもの興味・関心によって、どのような教材を用意するか、どのように環境構成を行うかを、週の終わりや前日に決めます。

②年間計画の一例

　表6－1は、2歳児の年間計画です。年間計画は、「子どもの姿」、「ねらい」、「内容」からなっています。また、この例では1年を3期に分けていますが、園・施設によって、4期に分けたり5期に分けたりします。年間計画等は、それぞれの園・施設等の保育者が、わかりやすく保育しやすい様式を生み出すとよいでしょう。

③月の計画の一例

　表6－2は、表6－1の年間計画にもとづく9月の計画です。月の計画では、年間計画のⅡ期の「内容」のうち、9月に適した事項が「今月のねらい」とされています。2歳児ですから養護が重視されていること、食育が重視されていることから、年間計画の「内容」のうち「健康・食育・安全」は、特に別項目で計画されています。「子どもの姿」は、年間計画では2歳児のおおむねの姿でしたが、「今月初めの子どもの姿」へと具体化されています。それに対する保育の「内容」があり、新たに保育者の「環境づくりと援助・配慮」という項目が入りました。その他、保育者の覚えとして、「今月の予定」や「家族・地域との連携」といった項目があります。そして、「評価・反省」という重要な項目があります。月の終わりに1か月を振り返って書き込む欄です。その月の子どもたちの成長を評価し、保育を振り返り次の月の目標を具体化します。

　表6－3は、9月の計画にもとづく9月第4週の指導計画案です。9月の計画の内容にあるリズム遊びといった体を動かす遊びや簡単なルールの遊びなどがねらいとなっています。また、月の計画にある自由に描くことを楽しむという保育内容が「絵の具でお絵描き」という活動として実施されました。

第6章 保育のプロセスと質の向上

表6-1　年間計画（2歳児）

りんご組 年間計画

	2歳児		
子どもの姿	○1日の生活の流れがわかるようになり、食事・排泄・衣服の着脱・簡単な身の回りの始末など、自分でできることが増えてくる。 ○走る・飛ぶ・階段の昇り降りをするなど、基礎的な体力が身についてくる。 ○こぼしたりしながらも、自分でスプーン・フォーク・箸を使って、ひとりで食事をするようになる。 ○いろいろな感情が急速に育ち、恐れ・怒り・嫉妬など、情緒の動きが激しく、性格もはっきりして、甘える・すねる・はにかむ・人をより好みするなどの姿が見られる。 ○自我が芽生え、自他の区別もできて、固執や反抗などで大人を困らせたり、自己主張が強くなるため、しばしば友だちとのぶつかり合いが起こるようになる。 ○互いに友だちに関心を示し始め、同じ遊びをするようになり、少人数でごっこ遊びや手遊びなどを喜び、共感し合うようになる。 ○身近な物や事柄に関心を持ち、「なぜ？」「どうして？」「どうやってするの？」など質問が盛んになり、名称や用途・特徴などを知ろうとする。 ○意思や感情を言葉で伝えたり、動作で表現したりするようになり、身近な出来事についても言葉で伝えるようになる。 ○色・物の大小・多少・形の違いなどがわかるようになり、比較したり・同じであることに気づいたりする。 ○想像力の芽生えとともに、絵本やお話や紙芝居などを好むようになり、登場人物に同化して動作をまねたり、言葉を繰り返したり、保育者や友だちと共にごっこ遊びを楽しんだりする姿が見られる。 ○簡単な歌をうたったり、リズムに乗って体を動かしたり、動物の動きをまねたり、楽器を使ってのリズム遊びを喜んでするようになる。 ○何かを作ったり、つぶしたり、塗りたくったりしての感覚遊び、造形遊びを楽しんでするようになる。		
ねらい	○自分でしようとする気持ちを養いながら、保育者の援助を通して基本的生活習慣が身につくようにする。 ○いろいろな食べ物や料理を味わい、友だちと一緒に食事を楽しむ。 ○保育者や友だちとのいろいろな運動遊びを通して、身のこなしを少しずつ身につける。 ○保育者や友だちの模倣をしながら運動面や言語面で刺激を受け、活動を広げる。 ○生活の中で身の回りの物の名前や簡単な数・形・色などがわかり、言葉を使って伝えたり、言葉のやりとりを楽しんだりする。 ○生活や遊びの中で、楽しんで歌ったり、音楽を聞いて体を動かしたりできるようにする。 ○異年齢児とかかわる中で、特に自分よりも小さい子どもを認識し、優しさといたわりの気持ちを持ち始める。 ○いろいろな素材を使うことに興味を持ち、物を作る楽しさを知る。		
	Ⅰ期（4月～8月）	Ⅱ期（9月～12月）	Ⅲ期（1月～3月）
内容	○新しい環境に慣れ、保育者や友だちの名前を知って様々な遊びを楽しむ。 ○時々介助を必要とするが、自分でスプーンやフォークを使って食べようとする。 ○保育者に見守られ、トイレでの排泄に慣れる。 ○保育者についてもらい、安心して眠る。 ○保育者に手伝ってもらいながら、簡単な着脱をする。 ○保育者が言葉をかけることによって、体の汚れや衣服の汚れに気づき、きれいになったことを知る。 ○好きな道具や用具の使い方を知り、体を動かして遊ぶ楽しさを味わう。 ○自分の持ち物の置き場所やロッカーを知り、持ち物の始末をする。 ○生活や遊びの中で、言葉のやりとりを楽しむようになる。 ○歌・手遊び・絵本を、保育者や友だちと楽しむ。 ○砂や水や泥など、身近な自然物に触れて遊ぶ。	○生活の流れがわかり、自分から行動する。 ○嫌いな物でも促されて食べるようになり、残さず食べ終える喜びを知る。 ○トイレで排泄できる回数が増える。 ○前開きやかぶりの服の着脱の仕方を知り、自分でしてみようとする。 ○顔や手足が汚れたら自分で気づき、自分で洗ったり拭いたりする。 ○集団生活に必要な簡単な決まりがわかり、待ったり譲ったりしようとする。 ○簡単な手伝いを喜んでする。 ○友だちと名前を呼び合い、一緒に遊ぶ。 ○好きな絵本や紙芝居を何度も呼んでもらい、気に入った場面をまね、動作でつもり遊びをする。 ○いろいろな材料に触れ、できたもので見たて遊びをする。 ○広い場所での追いかけっこなど、体全体を使って遊ぶ。 ○好みの遊びには熱中し、長い時間遊ぶ。	○生活に必要な習慣や、食事の基本的な習慣や態度がしだいに身につく。 ○食べ物の種類により、箸・スプーン・フォークを使って食べる。 ○友だちと一緒に食べることを喜ぶ。 ○排泄の失敗が少なくなり、一日パンツで過ごすようになる。 ○ひとりで衣服の着脱をする。 ○簡単な約束事を守って友だちと遊ぶ。 ○見たり触れたり感じたりしたことを、言葉で伝えたり、やりとりを楽しんだりする。 ○簡単なごっこ遊びを楽しむ。 ○歌・手遊び・リズム遊びをして、みんなと一緒に遊ぶ。 ○はさみやのり・ひも通しなど、指先を使った細かい遊びに熱中する。 ○切ったりはったりして好きなものを作り、作ったもので遊ぶことを楽しむ。 ○年下の子どもに対する優しさやいたわりの気持ちを持つ。 ○3歳児への進級に期待を持つ。

出典：大阪市私立S幼稚園

表6-2　9月の計画（2歳児）

9月の計画　2歳児　りんご組

今月のねらい	○外遊びで体を十分に動かし、体力づくりをしていく。 ○着替えや排泄など、自分でする意欲をもつ。 ○友だちとのかかわりを楽しむ。		今月の予定	健康・食育・安全への配慮
			7 日（金）水遊び終了 24 日（月）身体計測 27 日（木）避難訓練	○日差しや温度の調節・水分補給をこまめに行う。 ○スプーン・フォークを三点支持で持てるようにする。 ○動きが活発になるので、遊んでいる時の保育者の位置などについて話し合う。
	今月初めの子どもの姿		内容	環境づくりと援助・配慮
	○水や泥の感触に慣れて、ふざけ合ったり、遊び方も大胆になる。 ○水鉄砲で狙い撃ちできるようになり、ターゲットに向かって撃つことを楽しむ。 ○水中で腹ばいになって移動したり、バタ足をしたりできるようになり、顔に水がかかっても平気な子が増える。 ○尿意がわかり、自分でトイレに行こうとする子もいるが、トイレで排泄できるものの、行くことを嫌がる子もいる。 ○立って用をたすことができるようになる。（男児） ○ズボン・パンツ（オムツ）の着脱は自分でしようとし、手伝いなしでもできるようになるが、上衣はまだまだ手伝いを必要とする。 ○脱いだ衣服を出しっぱなしの子どもが多いが、保育者と一緒に衣服をたたみ、片付けるようになる。 ○友だちとのかかわりが増え、その一方で、玩具の取り合いや自分の思い通りにいかずにけんかになることがある。		○走る・跳ぶ・跳び下りる・ぶらさがる・よじ登る・転がるなど、様々な動きを楽しむ。 ○体操やリズム遊び等で、全身を動かすことを楽しむ。 ○簡単なルールのある遊びを楽しむ。 ○合図を聞いて、行動する。（よーいどん・走る・止まる等） ○保育士が媒介となり、友だちとのかかわりを楽しむ。 ○自分が思っていることを伝えようとする。 ○尿意がわかり、自分でトイレに行こうとする。 ○保育者と一緒に、排泄後の後始末をしようとする。 ○食事を友だちと楽しみながら、意欲的に食べる。 ○スプーン・フォークを三点支持で持ち、一方の手は食器に添えて食べる。 ○おやつの後、食器を自分で片付ける。 ○手先を使った遊びを楽しむ。（粘土・のりづけ・はさみ等） ○クレヨン、絵筆などを使って、自由に描くことを楽しむ。	○巧技台など設置器具の点検や、マットを敷くなどの安全確認を徹底する。 ○繰り返し遊ぶ機会を設定し、楽しさを実感したり、ルールを理解したりできるようにする。 ○保育者が子どもの思いを十分に汲みとり、言葉にして友だちに伝えられるよう、仲立ちとなる。 ○保育者も一緒に遊び、楽しさを共有し合う。気が乗らない子に対しては、楽しく遊んでいる他児の姿を見せたり、気の合う友だちから誘うなど、無理のないよう働きかけ、自分から遊びたい気持ちになるようにしていく。 ○自分の思いを出せるよう、ゆったりとかかわる。 ○排泄後の後始末を、一人ひとり丁寧に知らせる。 ○上手にできている子の様子を紹介するなどして、着脱やたたむことに関心をもたせる。 ○楽しい食事を心がけながらも、食事のマナーやルールを教える。 ○保育者や友だちとおいしさを共感したり、食材に気づかせたりする。 ○のりやはさみの扱い方を子どもたちと確認してから活動をはじめる。はさみを使用する時は、安全に十分配慮する。 ○自由に描いたり作ったりしたことから、見立て、つもりの思いを聞きとる。
家族・地域との連携	○夏の疲れが出やすい時期を考慮し、体調の変化・様子について細やかに連絡を取り合うようにする。 ○まだまだ暑い日が続くので、汗拭き用のタオルや着替え用の衣服を多めに用意してもらう。		評価反省	○水遊びや沐浴を毎日のように行ってきたことで、衣服の着脱が上達した。今月に入り、戸外遊びが増えたことで靴を履くのも上達しており、何事においても日々の積み重ねは大きいなと実感した。 ○体力づくりに関して、これからより戸外遊びが心地よい季節となるので引き続き行い、体を動かすことにあまり興味がない子をいかに楽しく参加できるようにするのか工夫していきたいと思う。 ○今月はまだ、スプーンやフォークの持ち方よりも、苦手なものを頑張って食べたり、残さずに食べきることの喜びを感じられるようにすることがメインとなり、三点支持の持ち方の指導にまで及ばなかった。来月から行っていきたいと思う。

出典：大阪市私立 S 幼稚園

第6章 保育のプロセスと質の向上

表6-3　9月第4週　指導計画案（2歳児）

9月第4週 指導計画案（2歳児りんご組）

週のねらい	・体を十分に動かして遊ぶ ・ルールのある遊びを楽しむ			
日にち	保育内容	環境構成および配慮	子どもの評価	評価・反省
9月24日（月曜日）	・リズム遊び ・身体計測	音に合わせて楽しめるよう、一緒に体を動かして見せる。うまく出来ない子どもには体の使い方を伝えていく。	新しく挑戦するキリンやカメも上手に体を使って保育者の真似をする子どもが多かった。自分がしたい動物を言う姿もあり、リズム遊びを楽しんでいた。	慣れてきて、男の子・女の子で呼ばれて反応する子どもが増えてきたように思う。好きな動物にしか参加しない子どももいたので、参加できるよう工夫して言葉を掛け、促したいと思う。
25日（火曜日）	・お引越しゲーム（ホール）	・ホールに、ビニールテープで○△□の形を貼る（全員入れる大きさに）。 ・一人一個のフープを用意する。 ・簡単なルールのある遊びを無理なく楽しめるように工夫する。（状況に応じてルールを作ったり、パターンを変えて行ったり）	ルールの理解はできているが、わざと指示されたところとは違うところへ引越しして楽しんでいる子が数人いた。途中、オオカミ役が登場すると、オオカミに捕まらないようにルールを守りながらゲームを楽しんでくれていた。	想像していたより、ルールを理解して楽しんでくれている子が多かった。途中で新たなルールを作ってもそれを理解し、さらに楽しんでくれていたので、これから徐々に集団で遊ぶルールのある遊びを取り入れていきたいと思う。
26日（水曜日）	・虫探し、自然物との触れ合い（畑）	・牛乳パックの容器を一人一個首から下げ、自分が見つけた葉っぱ等を入れて持ち帰れるようにする。 ・虫の鳴き声をもとに虫探しをしたり、捕まえたりして楽しむ。虫カゴ、虫メガネを用意し、観察できるようにする。	ダンゴ虫は見つけられるものの、捕まえることはできず、牛乳パックに入れてもらったものを興味深げに見ていた。また、葉や木の表面から出る樹液、保育者が捕まえたコオロギ等を虫メガネでのぞいて観察したり、みんなのまわりをずっと飛んでいた蝶々と戯れていた。	虫を怖がりながらも興味をもっている子は多く、これからの季節、どんどん虫や自然物と触れ合って遊ぶ機会を増やしていきたいなと思う。
27日（木曜日）	・絵の具でお絵描き ・避難訓練（幼と合同）	絵筆の他に、スポンジ筆を用意する。 ・テーマは決めず、自由に描いたり、塗ったりすることを楽しめるようにする。	スポンジ筆をスタンプのようにしたり、絵筆で様々な線を描いては塗りつぶして楽しんでいた。スポンジ筆の方が、描き心地が良かったのか、両方を使用した上で、絵筆よりスポンジ筆を選ぶ子が多かった。	個人の作品として持ち帰ることを前提に、画用紙のサイズを決めてしまったが、今日の子どもたちの様子を見て、今回はもっと大きな紙でダイナミックに描かせてあげたほうが良かったなと感じた。
28日（金曜日）	・園庭遊び（総合遊具、砂場）	たいこ橋やフープを登るときは、側について見るようにし、それぞれが安全に楽しめるようにする。	今まで登ったことのない所を、友だちが登っているのを見て挑戦する姿が見られた。上から登ってくる友だちを応援してくれる子どももいた。	登っている途中でこわくなってしまう子どももいたが、手足の置き場を伝えながら励ますと登りきることができたので、はじめて挑戦する子どもには同じように援助していきたいと思う。
29日（土曜日）	・異年齢保育	異年齢児との関わりがもてるよう、保育者が間に入って言葉掛け等を行うことで関わりのきっかけ作りを行うようにする。	室内で遊んでいる時、2才児が0才児の様子をチラチラと気にしてみている姿や、0才児が泣いているのを見て玩具を渡してあげたり、頭をなでてあげる姿が見られた。外では、小学生や幼稚園の兄や姉に遊んでもらったり、友だち同士で三輪車を押し合って楽しむ姿がみられた。	土曜日は、他のクラスが普段どのように保育をしているのか知ることができる良い機会で、色々な情報を交換し合いながら、お互いによりよい保育ができるようにしていけたらと思う。
週の評価		子どもの評価	評価・反省	
		虫探しをした日、部屋にダンゴ虫やコオロギを連れて帰り、用意されていた図鑑や虫メガネ、ダンゴ虫用のお家で虫の観察や触れ合いを大いに楽しみ、一気に虫に対する好奇心が湧いたようだ。 体をよく動かして遊び、午睡をしっかり取ると、保育者に起こされる前に自然と目が覚める子は増えてきているように思う。	簡単なルールのある遊びを行った際に、普段から他児と比べ気になる子が、みんながルールを理解して楽しんでいる中で、一人フワフワしている姿がさらに目立っていた。これからより一層気に掛けて見ていき、どのように対応していくのか、保護者の方と話をしていくべきなのか等を、職員間でしっかりと話し合っていきたい。また、子どもたちが玩具（遊び）を自分で自由に選んで楽しめるよう、部屋の中の玩具の配置等について見直していきたいと思う。	

出典：大阪市私立S幼稚園

④週の指導計画案の一例

　週の指導計画案では、「保育内容」として主な活動が予定され、そのための「環境構成および配慮」の項目があります。具体的な保育活動に対する「子どもの評価」、「評価・反省」項目がありますが、これは日々行って書き込んでいきます。「週の評価」には、一週間を振り返って「子どもの評価」と保育の「評価・反省」を行い、次週の目標を定めます。

　なお、りんご組は2歳児であり日々の生活はほぼ一定ですので、日案は作成されていません。週の指導計画案にもとづいて保育が営まれています。

2. 保育を創造するプロセス

（1）カリキュラム・マネジメント

　2016（平成28）年に中央教育審議会が、「社会に開かれた教育課程」を通じて学習指導要領の理念を実現するために「カリキュラム・マネジメント」という考え方を示しました。指導要領の理念を具体化したもの、教育内容を配列したものが、教育課程すなわちカリキュラムです。そのマネジメント、つまり学校経営という視点から、教育課程をとらえています。

> ①　学校の教育目標を踏まえた教科横断的な視点で、教育内容を組織的に配列していくこと。
> ②　子どもたちの姿や地域の現状等に関する調査やデータに基づき、教育課程におけるPDCAサイクルを確立すること。
> ③　地域等の外部の資源も含めて、教育内容・教育活動に必要な人的資源・物的資源等を、効果的に組み合わせること。

　園長を中心に全教職員が、このような「社会に開かれた教育課程」という新たな視点を身につけるよう求められています。教育課程を核にして、教育・保育の改善や組織運営の改善を、地域の実態にもとづいて一体的に行うことができる組織文化の形成が、カリキュラム・マネジメントの目標です。

（2）PDCAサイクル

　カリキュラム・マネジメントにおいて重要な側面とされたPDCAサイクルについて、教育課程の見直しという視点から詳細に考えてみましょう。

　PDCAサイクルとは、Plan（計画）→ Do（実行）→ Check（評価）→ Act（改善）を繰り返すことです。保育は日々評価が繰り返されて、明日の保育が創造されます。

　表6-1、表6-2、表6-3でみてきたように、日々の保育は教育課程を段々に具体化した週の計画や日案にもとづいて行われています。そして表

第6章 保育のプロセスと質の向上

6－3で確認したように、週の評価によって次週の保育の方向性が定められ、1か月経つと月の計画の評価が行われて、次の月の保育を微修正します。では、年間計画はどうでしょう。表6－1には評価の項目はありませんでしたが、年度の終わりには、月の評価にもとづいて1年間を振り返り、次の1年間の計画を編成します。そして、各学年の1年間の振り返りをまとめて、教育課程の見直しをします。このように、日々の保育の評価・反省の積み重ねから教育課程の見直しまで、常に保育の質の向上を目指す評価の繰り返しを、PDCAサイクルといいます。

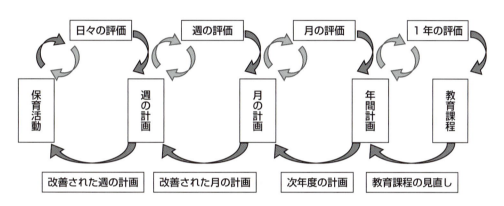

図6－1　保育を創造するPDCAサイクル

出典：筆者作成

（3）省察のポイント

PDCAサイクルによって、日々保育の再構成を行っていくことが、幼児の主体性にもとづいた保育の創造となります。そこで、具体的なチェックの観点を示します。これらは実習の際にも、自己評価を行う観点となるでしょう。

①保育のねらいや内容が、子どもたちの実態に適していたか

毎日の保育や設定保育のねらいと内容についての省察です。保育を行って、ねらいが達成されていたかどうかを考えてみます。たとえば、子どもの発言によって、当初の指導案どおりではなく変更したとしても、当初のねらいが達成されていれば、ねらいは子どもたちの実態に適していたといえるでしょう。しかし、保育内容を変更したとしたら、内容は保育者が考えていた子どもたちの興味とは異なるところに子どもたちの興味・関心があったわけですから、内容は子どもたちの実態に適していなかったといえます。ただし、保育活動においては、保育内容の変更はときおり起こります。子どもの興味関心にしたがって、保育中に変更したことを評価したほうがよいでしょう。

②子どもたちの発達理解が適切であったか

　事例で考えてみましょう。たとえば、保育者が高オニをしようと計画していたが、子どもたちから色オニがよいという意見が出て変更した場合などは、たとえ保育内容を変更したとしても、子どもたちの発達理解は適切であったといえます。一方、たとえば3歳児クラスで段ボールを切ってなにかを製作する指導案を考えたとしたら、3歳児の手指の力や巧緻性についての発達理解が不適切であるといえるでしょう。

③環境の構成が適切であったか

　保育においては、幼児が主体的に環境にかかわるように、保育室の環境を構成します。保育者は、幼児が今この時に興味や関心をもっている物や遊びを保育室に用意したり、保育者が関心をもってほしいものや遊びを用意することもあります。

　設定保育では、幼児が楽しく保育活動を体験できるために、環境構成を熟考しいろいろな場合を想定して準備します。製作活動やゲームなど、必要なものが用意されていたか、幼児の動線が混乱しなかったか、安全であったか、また保育活動後の動きにスムーズにつながっていたかなどをチェックします。

④子どもにとって、適切な援助が行われたか

　それぞれの個性をもつ子どもには、一人一人に寄り添った指導のねらいがあります。一人一人の子どもに対して、どのような言葉をかけたか、あるいは言葉をかけずに見守っていたか、子どもの発達を常に把握しかかわるという観点から保育後に評価しましょう。

　設定保育の際の援助については、ねらいを達成するために、適切なタイミングで適切な言葉をかけることができたかを自己評価します。

第3節　記録と評価

1. いろいろな記録

（1）日々の記録

　前述のPDCAサイクルは、日々の記録を行うことが基本です。表6-3のりんご組の週の指導計画では、その日の「子どもの評価」と保育の「評価・反省」がありました。毎日評価・反省するのは大変そうですが、保育者は教育的な意図をもって子どもたちとかかわりながら生活しています。子どもた

第6章 保育のプロセスと質の向上

ちの変化を把握し適切に対応するためには、感じたこと、考えていることを文字化して記録することが必要です。そうすることで、責任をもってクラス運営ができるだけでなく、保護者からの質問にも日々の様子を具体的に説明して、適切に応えたりアドバイスしたりできるようになります。

（2）個人の記録

子どもたち一人一人の特性や発達状況を適切に把握しておくことは、担任としての基本的な責務です。一人一人についてのメモは、なんらかの形で記録しておきましょう。次の項目で公式の個人記録について説明しますが、その根拠として、日々のメモが必要となってきます。個々の保育者のやり方でよいのですが、一つのルールを自分で設定して1年間貯めておきましょう。たとえば、それぞれの子どもの指導の重点から、その日特に記録すべきことがあった子どもについてメモをしていくといったものです。毎日30人以上全員について記録するのは現実的ではありませんので、1週間で全員の子どもについてメモがあるという程度で1年間の変化を把握しましょう。

保育所では、毎日保護者と保育者の間で今日の様子をノートに書いて交換していることがよくあります。この場合はそれらが個人記録となります。保育者は多くの場合、お昼寝の時間などにノートを書いています。

（3）指導要録等

子どもたちが小学校に進学する際には、園・施設から小学校に個人記録が送られます。これらは、法律で定められた公式の文書です。幼稚園に関しては「幼稚園幼児指導要録」といい、1947（昭和22）年から実施されています。保育所に関しては、「保育所児童保育要録」といい、2008（平成20）年保育所において全体的な保育の計画の編成が義務づけられたことにともない、保育要録の作成も義務づけられました。認定こども園に関しては、「幼保連携型認定こども園園児指導要録」といいます。

①幼稚園幼児指導要録

幼稚園幼児指導要録は、図6-2のように学籍に関する記録と指導に関する記録からなっています。学籍に関する記録は20年間、指導に関する記録は5年間、保存することになっています。学籍に関する記録は、外部に対する証明等の原簿としての性格をもつもので、原則として、入園時及び異動が生じたときに記入します。指導に関する記録は、1年間の指導の過程とその結果を要約し、次の年度の適切な指導に資するための資料としての性格をもっています。

指導の記録では、「学年の重点」は年度当初に、教育課程にもとづき長期の見通しとして設定したものを記入します。個人の重点は、1年間を振り返って、当該幼児の指導について記入します。そこで、前項の日々の保育の記録や個人の記録を参考に、年度末に個別の記録を書きます。
　なお、様式は表計算ソフトでダウンロードすることができますから、パソコンで入力することも可能になっています。

②保育所児童保育要録
　保育所児童保育要録は、A4用紙1枚です。子どもの最善の利益を踏まえ、個人情報保護に留意した結果、幼稚園幼児指導要録のように、学籍に関する記録に対応するところはありません。
　0歳から在園した場合は、6年間の記録として子どもの育ちにかかわる事項を総合的に記載し、養護に関する事項や子どもの健康状態に関する事項は、特に留意する必要がある場合に記入します。
　保存期間は、当該児童が小学校を卒業するまでが望ましいとされています。

③幼保連携型認定こども園園児指導要録
　幼保連携型認定こども園園児指導要録は、様式としては幼稚園幼児指導要録と同じです。したがって、学籍に関する記録と指導に関する記録からなっています。記載方法も幼稚園幼児指導要録に準じています。
　ただし、保存期間が学籍に関しては20年と幼稚園幼児指導要録と同じですが、指導に関する記録は保育所児童保育要録に準じて小学校卒業までが望ましいとなっています。

2. 就学前教育施設における評価

（1）評価方法
　指導要録・保育要録・園児指導要録は個人記録ですが、そこに書かれているのは、保育者がその子どもをどう評価したかの記録ともいえます。小学校以上では通知表という成績評価となります。とはいえ、小学校以上の児童と同じような基準で幼児を評価してよいのでしょうか。
　教育評価は表6−4のとおり3種類あります。

表6−4　教育評価

教育評価	内容
相対評価	クラスや所属する集団の他のメンバーの成績と比較して評価する。
絶対評価	学習の目標が示されており、それを達成したかどうかの評価。
個人内評価	その子どものこれまでと現在を比較して、どれだけ進歩があったかの評価。

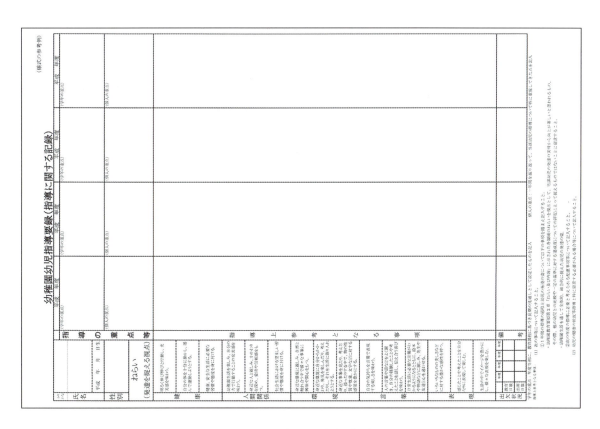

図6-2 幼稚園幼児指導要録

就学前教育施設では、個人内評価を行います。したがって、指導要録・保育要録・園児指導要録には、その子どもがその１年間でどのような進歩を遂げたかを記録します。

（2）保育の質の向上をめざして

保育者の自己評価について、保育所保育指針にもとづいて確認しておきましょう。保育所だけでなく幼稚園、認定こども園においても、同様の考え方ができます。

①保育者の自己評価

自らの保育実践と子どもの育ちを振り返り、次の保育に向けて改善を図り、保育の質を向上させることが目的です。PDCAサイクルでみてきたように、「子どもの評価」と保育の「評価・反省」を通して、日々保育の質を高める努力を続けることが保育者に求められています。

また、自己評価だけでなく、保育カンファレンス[*4]が重要です。保育実践や問題のある子どもについての話し合いを通じて、日々の課題を解決することが大切です。それは同時に、職員間のきずなや協働性を強め、学び合いの基盤を作り、研修内容の確認や自己研鑽を行っていく機会にもなります。

②就学前施設の自己評価

就学前施設としての自己評価は、園長・施設長のリーダーシップのもとに、自らの保育の内容とその運営について、組織的・継続的に評価し検証します。この自己評価は、保育者等の自己評価結果にもとづいて、園長・施設長と教職員との話し合いを通して行われるものです。また、カリキュラム・マネジメントの視点から、教育課程の見直し、地域の実情など社会的な視点も含み、当該施設の役割や運営方法を評価することも含まれます。

組織の自己評価を公表することは、保護者や地域社会に対して就学前施設が行っていることを説明するという社会的責任を果たすという意義があります。このような活動を通して、地域における信頼を深めて開かれた幼稚園・保育所・認定こども園となることができます。

また、このような自己評価を行いつつ、第三者評価[*5]を受けることも保育の質の向上を促すために推奨されています。

[*4] 1988（昭和63）年より幼児教育学者の森上史郎が提唱した、保育者の専門性の向上を目指した保育現場で行われる話し合いのこと。森上は効果的な保育カンファレンスの条件として、以下の５つをあげています。①正解を求めようとしない、②本音で話し合う、③園長等による若手保育者への指導の場としない、④批判や論争をしない、⑤お互いの成長を支え合い育ち合う。

[*5] 2008（平成20）年文部科学省は、「幼稚園における学校評価ガイドライン」を作成しました。そのなかで第三者評価を公表することを推奨しています。第三者評価は、その学校に直接かかわりをもたない専門家等の第三者が、自己評価・学校関係者評価を資料として教育活動や学校運営全般について専門的・客観的立場から評価を行うものであると定義されています。保育所、認定こども園においても同様のことが求められています。

第6章 保育のプロセスと質の向上

 演習課題

Q 実習園または卒園した幼稚園や保育所のホームページを参照して、保育方針、育てたい子ども像、年間行事などを調べましょう。

ホップ　各園についてグループで比較し、共通するところや異なるところから、それぞれの園の特徴を書いてみましょう。

....

....

ステップ　「ホップ」で書き出したことをもとに話し合ってみましょう。

....

....

ジャンプ　話し合った内容を文章にまとめてみましょう。

....

....

....

【参考文献】
文部科学省『幼稚園教育要領』フレーベル館　2017年
厚生労働省『保育所保育指針』フレーベル館　2017年
内閣府・文部科学省・厚生労働省『幼保連携型認定こども園　教育・保育要領』フレーベル館　2017年

第7章
行事の意義と役割

エクササイズ　　　自由にイメージしてみてください

　劇遊びの題材を「うらしまたろう」にしました。複数の保護者から、自分の子どもを主役にしてほしいと言われました。どのように対応すればよいかを話し合ってみましょう。

第 7 章 行事の意義と役割

この章のまとめ！

学びのロードマップ

- それぞれの行事の本来の意味を理解します。
- それぞれの行事の役割や必要性を理解します。
- 子どもの姿を重ね合わせて考えます。
- 子どもが主体的に参加できるように考えます。
- 保護者にも子どもの育ちをわかりやすく伝えます。
- それぞれの行事を地域の一員として考えます。

この章の なるほど キーワード

■**行事がもつ役割**…子どもの現在のその時々の発達の姿を見せるなど、行事にはいくつかの役割があります（詳しくは、115ページ）。

運動会や遠足、季節のお祭りなど、いつの時代も変わらない行事もありますね。子どものころ、どんな行事が楽しかったですか？

第1節　なぜ「行事」は必要か

1. 1年間のさまざまな行事について

　保育にはさまざまな行事があります。それぞれの園や地域独自の特色ある行事もありますし、多くの園で行われてきている一般的でなじみのある行事もあります。

　まず、年間行事にはどんなものがあるか、ある保育園の1年間をみてみましょう。

表7-1　A保育園の年間行事表

月	行事	月	行事
4月	・入園式 ・進級式 ・避難訓練 ・お誕生日会	10月	・運動会 ・避難訓練 ・お誕生日会
5月	・こどもの日 ・保育参観 ・春の遠足 ・避難訓練 ・お誕生日会	11月	・造形展 ・お店屋さんごっこ ・避難訓練 ・お誕生日会 ・秋の遠足
6月	・避難訓練 ・お誕生日会	12月	・劇遊び参観 ・クリスマス会 ・避難訓練 ・お誕生日会
7月	・七夕 ・お泊り保育 ・避難訓練 ・お誕生日会	1月	・おもちつき ・避難訓練 ・お誕生日会
8月	・夏祭り ・避難訓練 ・お誕生日会	2月	・節分 ・音楽会 ・避難訓練 ・お誕生日会
9月	・敬老交流会 ・避難訓練 ・お誕生日会	3月	・ひな祭り ・お別れ遠足 ・避難訓練 ・お誕生日会 ・卒園式

出典：筆者作成

　それぞれの園によって、行事の名称が異なったり、生活発表会などで音楽や劇などを総合的に行ったりする場合もあります。また、仏教系の園では花祭りが行われたり、キリスト教系の園ではクリスマスに降誕会が行われたりすることがあります。

地域のイベントや伝統的な夏祭りや秋祭りに参加したり、バザーなどが催されたり、近隣の学校や高齢者施設、養成校などとの交流を行っている園もあります。

写真7－1　5歳児と高齢者施設の入所者との交流の様子

2. 行事がもつ役割について

保育における行事がもつ役割について、保育園園長の藤森平司氏は次の4つのタイプに分類しています[1]。

タイプ①「その時々の子どもの発達を見せる」役割
　　その子の現在を、ありのままに、さまざまな領域（つまり切り口）における発達の状態を伝えます。

タイプ②「親子のふれあいを促す（保護者の育ちを促す）」役割
　　行事に参加することによって親子の会話（かかわり）や相互理解につながり、さらには子どもの育ちをどのようにとらえるかという親としての学びにつながります。

タイプ③「地域の文化を伝承する」役割
　　地域でのつながりが希薄になってきているなか、昔から受け継がれてきた地域の伝統行事を子どもと保護者に伝える役割を担っています。

タイプ④「保育を厚くする」役割
　　子どもの成長を祝う生活行事や冠婚葬祭など、人々の日々の暮らしを彩り、奥行きをもたらします。

それぞれの行事がどのタイプにあたるかを考えることにより、ねらいも明確になり、保育計画も立てやすくなります。また、藤森氏は、「行事は日々の保育とかみ合わない悩みの種ではなく、保育をわかりやすく可視化し、保護者への説明責任を果たすいい機会になり、同時に保育を厚くし、保育施設での日常を活気づける素敵なものになるはずです」[1]とも述べています。

表7－1の年間行事が、それぞれどのタイプに当てはまるか考えてみましょう。複数のタイプに分類できる行事もあります。

第2節　保育者にとっての行事

1. 子どもと行事を通して向き合う

　第6章でみたように、園では保育目標に掲げられた子どもの姿をもとに、教育課程や全体的な計画の作成が行われます。これらを踏まえ、行事を含めて1年を通した保育の計画（年間カリキュラム等）を立てます。一人一人の子どもの姿をとらえ、それに応じた保育になるように、園全体で話し合います。年度当初に立てられた計画は、必要に応じて、柔軟に変更することもあります。

　入園して卒園するまでの期間を通して子どもの育ちを理解し、自然な流れのなかで毎日の保育の内容から行事に展開することも大切です。行事の前に集中的に練習させるのではなく、子どもたちの姿を多面的にとらえ、一人一人の興味や発達に応じた日々の保育が行事につながっていくようにします。

　行事に追われた保育にならないように、気をつけて保育の計画を立てます。

> **エピソード　運動会のダンス・リズム遊び（4歳児）**
>
> 　園に勤務して2年目の保育者が、運動会に向けて、ダンス・リズム遊びの曲を選ぶことになりました。普段から趣味で音楽を聴くことが多く、大好きなアーティストの楽曲のなかから、お気に入りの歌を選びました。応援ソングであり、このアーティストのファンも多いので保護者も喜んでくれると思いました。
> 　先輩とその曲を検討したところ、保育者や保護者にとっては感動的な歌詞かもしれないが言葉も難しく、子どもの興味が広がり意欲的に取り組むことにはつながりにくいと考えました。そして、子どもたちが楽しめる歌詞で、リズムの取りやすい別の曲を選びました。

　運動会で使う曲は、リズムやテンポ、曲の長さなど、子どものダンス・リズム遊びに合うかどうかもポイントになります。選曲や振付、保育の計画についても、ダンス・リズム遊びに子どもたちが意欲的に取り組める環境を整えることが大切です。

　日ごろの保育の取り組みが行事につながっていくことがわかりやすい例として、作品展があります。作品展の前になって、慌てて急に何かを子どもに作らせたり、描かせたりするのではなく、日ごろの遊びのなかで、保育者が子どもの姿に応じたねらいをもって用意した環境のなかで作られたものを作品として保管しておき、作品展で展示します。

第 7 章 行事の意義と役割

写真7-2　遊びのなかでできた作品

写真7-3　クラスとしてのテーマを表現

　また、成長に応じて、子どもたちの思いや考えを取り入れて内容を決めていくことも大切です。こうすることによって、子どもが主体的に活動したり、子ども同士が話し合うようなかかわりが増えたりします。保育者が主体となって子どもに指導したり、教え込むのではなく、子どもたちが主体となって行事に取り組める環境を整えます。

　園によっては、年中組や年長組の子どもたちが参加する「お泊り保育」を行っています。園舎の保育室で宿泊したり、貸切バスで施設へ行ったりすることもあります。キャンプファイヤーや花火、海や山での遊びやきもだめし、クッキング体験や木工や陶芸体験など、各園でさまざまな取り組みがされています。初めて親元を離れて宿泊する子どももいるため、出発の朝に泣きながら集合することもあり、保護者にとっても子どもにとっても期待と不安が入り混じった大きな行事です。

　子どもたちの気持ちを受け止め、日ごろの保育のなかでお泊り保育を楽しみに思えるような活動を入れながら、当日を迎えられるように取り組みます。車酔いや夜間の排尿、入浴や眠るときのクセなど、家庭と連携して配慮が必要な部分を一人一人について確認し、子どもたちが安心して過ごせるように準備します。

　クラスの友だちと一緒に日ごろと違う体験をしたり、少し不安に思っていることを克服したりすることによって、子どもたちは自信をつけて成長していきます。

写真7-4　友だちと一緒に眠る（5歳児）

写真7-5　友だちと一緒に晩ごはん（5歳児）

2. 保護者に行事を通して伝える

　行事は、子どもの成長が感じられるという意味で、保護者にとっても大きな役割を果たします。保育者は普段から保護者に、日々の連絡帳でのやりとりや園だより・クラスだよりなどで子どもの姿を文章で伝えたり、送迎の時間を有効に利用して口頭で伝えたりしています。

　行事では、実際の子どもたちの姿を見たり、一緒に参加したりすることによって、文章よりもわかりやすく伝えることができます。

　運動会を例に考えてみましょう。

写真7－6　　保護者と一緒に競技に参加（0歳児と1歳児）

　乳児クラスは、子どもたちと保護者が一緒に参加する競技などで無理なく身体を動かすことを楽しめるようにします。それぞれの発達に応じた運動をプログラムに組み入れることにより、今の子どもの成長を感じたり、他の年齢の子どもたちの競技などを見て、これからの子どもの成長をイメージしたり、これまでの育ちを振り返り、子どもの成長を喜ぶことができます。

　幼児クラスでは、一人一人の取り組みだけではなく、友だちと競ったり、応援したり、力を合わせたりすることを楽しむようになります。

写真7－7　パラバルーン（4歳児）　　写真7－8　球入れ（3歳児）

　保護者には運動会当日の子どもの姿だけではなく、それまでの取り組みによって、一人一人がどんな成長をしたのか、クラスのなかでどんなかかわりをして育ちあってきたのかを伝えるようにしましょう。園によっては、一つ

一つの競技などの見どころや子どもたちの活動の様子を書いたものを配布したりしています。

写真7-9　跳び箱の山越え（5歳児と1歳児）

　また、園ではクラスでの同年齢の子ども同士のかかわりだけではなく、預かり保育や延長保育などで異年齢の子どもがかかわる機会があります。異年齢の子どもたちが同じプログラムに参加する場合は、年下の子どもが年上の子どもの活躍する姿を見て、あこがれたり、喜んだりし、自分が成長することを楽しみにします。

　保護者には園のホームページのブログなどに写真を掲載し、活動の様子を伝える場合もあります。その場合は、プライバシーへの配慮も重要です。

　運動会が終わった後、あまり時間を空けずに、子どもたちが運動会をテーマにした絵を描く機会を設ける場合も多くみられます。一人一人が自分や友だちのがんばった姿や、楽しかった様子などを思い思いに表現することを楽しみます。客観的に事実を映しているビデオ等とは違い、子どもたちの思いがのびのびと表現される作品は大切な思い出にもなります。

写真7-10　リレー（5歳児）

写真7-11　運動会の絵（5歳児）

　運動会などの行事には、来賓として地域の人や日ごろお世話になっている人を招待しています。運動会の会場として小学校などの校庭や体育館を借りる園も多く、普段から子どもを見守っている地域の人と子どもの育ちをともに喜ぶ機会になっていることも伝えます。

3. 園全体で協力して行事をすすめる

　園はたくさんの教職員によって構成されています。特に、園全体で取り組む行事については、自分のクラスのことだけをやっていればよいというものではありません。園長（所長）、教頭、主任、担任、フリーの保育者、預かり保育や子育て支援担当、事務職員や養護教員など、園全体の教職員がそれぞれの立場から子どもたちの健やかな育ちを願い、協力しながら、準備から当日の運営までを進めます。子どもにとって良い職員集団であることが大切であり、職員同士がなれ合いや仲良しでいることだけでは良いとはいえません。プロの保育者として、力を合わせて行事を進めていくという意識が必要です。

　園によっては、保護者や地域の人が協力する場合もあります。

（1）保育者間の協力
①行事までの協力について

　同じ学年に複数のクラスがある場合や複数担任のクラスの場合、それぞれのクラスや保育者間で、指導内容や方法に大きな違いがあるのは問題です。また、学年間に大きな差があるのも問題です。園の保育目標をもとに、全体でのまとまりが生まれるように、行事に向けて会議のなかですり合わせをします。保育者の思いを同じ方向に合わせ、連携を大切にしながら取り組みます。

　その行事に必要な道具や教材などを相談して手当しなければなりません。そのためには、計画の段階から話し合っておく必要があります。たとえば、運動会では、子どもが使うポンポンや旗、鳴子などの道具は学年で重複しないようにすることもあり、自分が使いたいと思うものが使えないこともありますが、工夫して環境を整える力と視点の切り替えができることも大切です。

　特に行事の場合は、自分を中心にした視点で考えがちになり、他の教職員から自分勝手な行動をしているように思われることがあります。さまざまな立場の教職員がお互いに思いやり、子どもにとって何が一番大切なのかをともに考えて取り組むことができるように、普段からの職員間のコミュニケーションも必要不可欠です。職員間で、お互いの保育観や子ども観などを積極的に話し合えることがポイントとなります。

　具体的に音楽会を例に考えてみましょう。音楽会では、特に一人担任の場合は伴奏や楽器の準備など、フリーの保育者や他のクラスの教職員と連携して進めていくことになりま

写真7−12　音楽遊び（5歳児）

す。また、園によっては外部講師に曲のアレンジを依頼したり、子どもへの指導を連携して行う場合もあります。

　お互いの考えていることをていねいに伝えあい、子どもが主体となって活動できる環境を整えていきます。

　合奏の練習を嫌がる子どもがいたり、保育者の思うように進まず、ついつい指導に熱が入りすぎたりと、子どもの主体性を抑制してしまわないようにするためにも、他の保育者との連携をきめ細かく行います。

②行事当日の協力について

　行事の当日は、各クラスの担任は直接子どもたちとかかわり、行動をともにします。全体の進行や司会、受付や道具係などのサポート役を担任以外の教職員が担当します。人手が必要なシーンでは、担任しているクラス以外の出番の時にサポートに回ったりもします。

　たとえば、音楽会では、楽器の搬入や会場の設営などは全職員で行います。前日の準備については、保育所の場合は通常の保育を行いながら準備するため、保育を担当している職員と準備を担当している職員の連携が重要です。各クラスで使用する用具や楽器の種類と数、破損や汚れがないか確認したり、チェックシートなどと照らし合わせながら準備を進めます。

　当日は担任しているクラスの子どもたちが、それぞれの子どもたちらしく行事に参加できるように、一人一人の気持ちに寄り添います。それ以外の他のクラスの伴奏や楽器の設置、舞台への子どもの誘導などの役割についても的確に行います。しかし、アクシデントや思いがけないミスなども起こります。このような時に、保育者があせったり、怒っているような表情になっているのを子どもや保護者に見せずにすむように、笑顔でさりげなく手助けできる職員間の協力体制が重要となります。

（2）保護者との協力関係

　日ごろから保育者との間に子どもの健やかな育ちを中心とした信頼関係を築けている保護者は、保育者の思いを受け、ともに保育の環境を整えることに協力的で頼もしい存在です。

　日々の園での様子と家庭での様子を保育者と伝えあっている保護者は、行事についても子どもたちが意欲的に取り組めるように、家庭でのかかわり方も工夫し後押ししてくれます。たとえば、お泊り保育への期待を高めるために園で取り組んでいる活動と連動して、各家庭で子どもの枕元にお泊り保育への招待状を置いてもらうようなこともあります。また、園の夏祭りでお店を担当したり、子どもたちが夏祭りの雰囲気を楽しめるように、甚平や浴衣

を着せてくれたりします。

　保護者は、運動会の保護者競技の準備・進行をしたり、会場の設営と撤収に協力してくれたりと、さまざまな場面で行事を支えてくれています。

写真7-13　運動会の保護者競技

写真7-14　お面屋さん

　保護者から厳しい意見が寄せられる時もありますが、否定的なとらえ方をするのではなく、より良い保育実践のために必要なアドバイスとして、省察に活かします。保護者の意見にはていねいに応答的なかかわりを心がけ、信頼関係の構築に努めましょう。

(3) 地域との協力関係

　子どもが育つ地域は、子どもたちの成長にとって大切な環境の一つです。しかし現在は、昔のように放課後に地域の子どもたちが広場や公園に集まって、夕暮れまで異年齢の集団遊びを楽しむ姿はみられなくなってきました。マンション等に核家族で生活する世帯が増え、近所のおばさんが子育て中の母親の育児相談の相手になったりするような近所づき合いも、特に都心部では減ってきています。

　それでも、地域では、そこで成長していく子どもたちを見守ろうとする地域の力を維持しているところがたくさんあります。行政や地域、社会福祉施設や学校などが連携し、子どもたちが安全に登下校できるように見守り活動をしたり、犬の散歩をしながら町内を巡回したりと、日ごろから子どもたちのために協力してくれるケースも多くあります。

　園の行事の際には、会場や設備を貸してくれたり、必要な物品を安い金額で提供してくれたり、寄付してくれたりと、さまざまな協力があります。また、夏や秋の地域のお祭りやもちつきなどの行事に参加することもあります。市や区などが行うイベントに園児が参加したり、保育者が行事のお手伝いとして参加したりすることもあります。

　日ごろの感謝の気持ちを表すために、来賓として地域の人を行事にお招きしている園もたくさんあります。

第3節　子どもが育ちあう行事

　0歳児であっても、周りにいる子どもに興味をもち、自らかかわりをもとうとします。そして、3歳、4歳、5歳と成長するにつれ、子どもたち同士のかかわりは増え、また、そのかかわり方も多様になっていきます。子どもたちの人間関係は成長とともに、保育者や保護者などの大人とのかかわりを通して、子ども同士のかかわりへと広がっていきます。

　日ごろの保育のなかでも、保育者に認められるよりも友だちに認められることを喜ぶようになり、自信につながっていく様子もみられます。

写真7-15　保育の日常（5歳児）

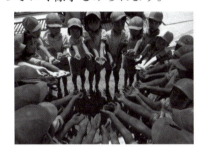
写真7-16　友だちとのかかわり（5歳児）

　当番活動で友だちの前で話したり、力を合わせて育ててきた夏野菜の収穫をともに喜んだりと、毎日の生活のなかで小さな達成感や自信を積み重ねていきます。

　これらの日常のかかわりで積み重ねられた力を土台とし、さまざまな行事への取り組みによって、子どもたちは行事ならではの体験も重ねていきます。

　運動会のリレーなどで力を合わせて競い合うことによって、喜びやくやしさだけではなく、あきらめずに取り組むことを経験します。また、組体操では友だちと支え合ったり、バランスを取り合ったり、友だちと協力して「完成」を目指して取り組みます。失敗したときには、どうしたらうまくいくかを子どもたちで話し合って工夫する力も育まれていきます。最初は活動に消極的だった子どもも、その活動を楽しんでいる友だちと一緒に取り組むことによって、徐々に楽しさを感じられるようになることもあります。

　保育者が直接的なかかわりで活動に誘うのも一つの援助ですが、子どもが育ちあえる環境を整え、見守りながら待つことも大切な援助です。保育者が子どもの姿を的確にとらえ、子どもの力を信じて待てる余裕をもちながら、行事への取り組みを進められるように気をつけます。

写真7－17　力を合わせて（5歳児）

写真7－18　勝利の喜び（4・5歳児）

　さまざまな領域を総合的に含んだ行事を通して、子ども同士のかかわりも深まり、意見をぶつけ合ったり、お互いを認め合ったり、助け合ったり、わかち合いながらともに成長していきます。これらの経験の前段階には、乳児期に大人との愛着関係をしっかりと形成してきたり、3歳までのイヤイヤ期にじゅうぶんに自己主張をしたりする経験が大切です。そのような経験のなかで、友だち一人一人の違いを大切に尊重する経験も重ね、豊かな子どもの育ち合う行事が展開されていくのです。

第 7 章 行事の意義と役割

Q あなたが「こういうことをやったら楽しいのでは」と思う運動会の種目を保育者になった気持ちであげてみましょう。

ホップ　自分のアイデアを箇条書きで書き出してみましょう。

....
....
....

ステップ　「ホップ」で書き出したことをもとに話し合ってみましょう。

....
....
....

ジャンプ　話し合った内容を図面化してまとめてみましょう。

....
....
....

【引用文献】
1）藤森平司『見守る保育③　保育における「行事」』世界文化社　2016 年 p.10

【参考文献】
藤森平司『見守る保育③　保育における「行事」』世界文化社　2016 年
植野恭裕編著『プロとしての保育者論』保育出版社　2011 年

第8章
保護者や家庭との連携

 **エクササイズ**　　自由にイメージしてみてください

　保護者と接するにあたって、あなたはどのようなことが不安ですか。3つほど書き出してみましょう。

第 **8** 章 保護者や家庭との連携

この章のまとめ！

学びのロードマップ

- ●第1節
  保育者には保護者の子育てを支援する役割もあります。子育て支援を行うためには、保護者と信頼関係を築いていくことが大切です。

- ●第2節
  保護者を支援するには、まずは保護者の状況を理解し、その思いや考えを受けとめ共感するよう努めなければなりません。

- ●第3節
  保護者とのコミュニケーションのツールとして、連絡帳や園だより、クラスだよりがあります。これらを有効に活用して、保護者の子育て支援につなげます。

この章の なるほど キーワード

■**協働**…保育者や保護者と専門機関がお互いに理解し尊重しながら、子育てをともに担っていくこと。

子育てにおいては、保育者は保護者の心強い味方でありたいですね。

第1節　子どものより良い育ちのために

　現代の保育者は、保護者や家庭と連携し、ともに子どものより良い育ちのために環境を整えたり、保護者に寄り添う視点が求められています。この章では、保育者の専門性を活かした保護者との子育てにおける「協働」とは具体的にどのようなことかを考えていきます。

1. 現在の子育ての困難さと支援

　子育てとは、本来は誰が担うべきでしょうか。第一義的責任を担うのは保護者ですが、子どもを取り巻くすべての人々がともに行っていくものといえます。かつては親族とともに生活をしていたり、地域の大人が言葉をかけてくれたりというように、さまざまな人を巻き込んで子育てをしていくような、社会全体で子育てを支える仕組みがありました。しかし今日では、第3章でも述べたように、少子化や待機児童問題なども含めて子育てにおける責任や負担が親のみにのしかかっているのが現状であり、子どもをもつ親が子育てをする環境として、けっして望ましいものではないことがわかります。子育てには、保護者が子どもを産み育てることが楽しいと感じるような支援が必要です。保育者は、保護者とともに子育てを担うものとして直接保護者や子どもと密接にかかわる身近な存在であること、保育所の存在そのものが地域の資源として活かされていることなどから、保育者の役割がいかに重要であるかが理解できるでしょう。

2. 子育て支援の協働

（1）保護者との信頼関係

　今日の子育てをとりまく環境は、非常に複雑かつ困難であるといわれています。第一線で保護者や子どもとかかわる保育者は、子どものより良い育ちのために、保護者と協働していく姿勢が特に問われています。子育て支援における協働とは、保育者と保護者がそれぞれ主体となり、お互いを理解し、尊重し合いながら、子育てという営みをともに担っていくことです。
　そのために保育者は、保護者と信頼関係を築くことに心を砕くことが大切になります。信頼関係は初めからあるものとは限りません。直接的な保護者とのかかわりは信頼へとつながることもありますが、それだけではなく、子どもの日々のかかわりを誠実にていねいに行い、子どもの健やかな育ちを目の当たりにした保護者が保育者を信頼していくこともあります。

第 8 章 保護者や家庭との連携

　日中の子どもの姿や様子は、保護者にはなかなか目に見えにくいものです。しかし、子どもが毎日思いっきり遊んでいる証である靴を目にしたときや、子どもが園で歌っている歌を口ずさんでいたときなど、ふとしたときに、保護者は、健やかに育つ子どもの姿に気づき、そばで見守る保育者の存在を感じとります。また、送迎時などに、直接保護者と出会ったときに、なにげなく交わされる会話が、保護者の信頼へとつながっていくこともあります。保育者は、専門性を活かした保護者へのかかわりを模索しながら、保護者との信頼関係を徐々に構築していく必要があります。

　子どもが充実した園生活を送れるようになると、保護者も安心して保育者に子どもをゆだねることができます。保護者が保育者を信頼すると、子どもも安心して保育者とともに過ごすことができます。この良い循環が保てるように努めることが求められています。保育者と保護者が協働していくために、このような信頼関係が基盤となることを覚えておきましょう。

> **注目コラム　小さな気づきから信頼へ**
>
> 　子どもが保育所で履いている靴がすり切れているのに気づいた保護者が、「園でこんなになるまで遊んでいるのですね」と話しました。またある保護者は、「家でも保育所で覚えてきた歌をずっと歌っています」と保育者に伝えてくれました。このような子どもの育ちの小さな気づきが信頼へとつながります。

（2）保護者をエンパワメントする子育て支援

　子育て支援には、保育者が保護者に一方的に指導するというものではなく、保護者がもっている力を発揮し、子育てしていくことを支えるという視点をもつことが必要です。保育者には、保護者がもっている養育力を強化し向上させること、すなわちエンパワメント[*1]する支援が求められます。保護者にとっての子育ては、園に通っている間だけではなく、子どもが育つ限り続きます。そのことを意識し、保護者に子育ての力をつけてもらわなければなりません。そのためには、保護者がそれぞれの置かれている状況に応じて、自らが率先して子育てをしていきたいと思えるような支援をしていくこと、専門の知識を示唆するだけではなく、子育て期の保護者がもつ感情のゆらぎにつきあいながら、ふさわしいアドバイスをすることが大切です。そのなかでも、保護者が必要な支えを自分で選り分けていく力をつけるための支援や、自分からアンテナを張って必要な情報を得られる力をつけるための支援も重要なことです。

*1 エンパワメントとは、その人がもっている力を活かし、その人が主体的に活動できるように支援をしようとする考え方のことをいいます。

（3）それぞれの状況に応じた子育て支援に求められる技術と意識

　保育者に必要な子育て支援の視点として、具体的には、問題を理解すること、子育てを支援するのにふさわしい機会や場の設定をすること、適切な関係を構築するよう努めること、専門性を活かした支援を実践することなどがあげられます。

　子育ての困難さ・諸問題は、個々の保護者の立場や価値観によって異なります。そのため、個々の保護者の立場に立ち、個々の保護者が求めることを適切に理解することが大切です。特に保育者は、正義感をもって子どもの立場に立って支援をしなければならないという思いがあるあまり、つい自らの価値観で保護者をとらえがちです。自分の価値観をもつことはよいことですが、子育て支援については柔軟に考えることが求められます。

　たとえば、保護者の思いをクレームととるか、意見ととるかによって、その態度やかかわり方は変わります。かかわりにくいと感じる保護者であっても、ていねいに対応しようとする姿勢が求められます。信頼関係を築いていくことは、保育者側に求められる専門性だともいえるでしょう。また、そうした支援の活動は、一人で担うのではなく、多様な支援者が互いに問題を共有し、協働していきます。必要なときには、他の専門機関と連携して支援を行います。

（4）チルドレンファーストの視点

　子育て支援の対象は保護者のみであるととらえがちですが、その先には子どもがいることを忘れてはなりません。子どもにとってふさわしい支援なのか、という視点をもち続けるべきです。長時間保育や、病児保育など、保護者にとって必要な支援が充実することは大切なのですが、たんに量が増えるだけでなく、質もしっかりとみていく必要があります。保護者の子育てを支援することで、子どもがおざなりになってしまうことがないように気をつけたいものです。保護者にとって子どもを産み、育てることが幸せだという思いをもてるような支援を考えると同時に、子どもが幸せであるような支援となるよう意識していきましょう。

第2節　子育て支援のために求められる姿勢

　次に紹介するのは、就労している保護者同士の会話です。保護者と、その子どもが通っている保育所の保育者とのエピソードが出てきますので、保育者と保護者の思いをそれぞれ想像してみてください。

第8章 保護者や家庭との連携

1. 受容――受けとめることと受け入れることの違い

エピソード (1) 病気のとき
（4歳男児の母親リナさんと友人エリさん）

> リナさん：保育所の先生は、子どものことを一番に考えているのはわかっているつもりなんです。だけど、子どもが熱を出したと連絡があって保育所に迎えに行き、保育者から「なぜもっと早くお迎えに来られなかったのですか」とため息まじりに言われたとき、カチンときてしまいました。働いていると、子どもを一番に考えたくても考えられないことがどうしてもあるのです。
> エリさん：自分でもわかっていることをわざわざ言われるから、いやなのですよね。先生が正しいことを言っているのはわかりますが…。
> リナさん：そう。私にもしたくてもできないことがたくさんあって、子どもにも保育者にも「申し訳ない」という負い目があるからかもしれないですね。
> エリさん：リナさん自身に？
> リナさん：はい。私も子どもが病気になったら、そのようなときくらい仕事を休んで看病に専念したいのです。でも休みたくても休めないから、子どもに対しても保育者に対しても申し訳ない気持ちになるのです。

　保護者の支援を考える時、受容の視点は不可欠になります。保育学者の橋本真紀氏は「受容とは、保護者の不適切な行動などもすべて受け入れることではなく、不適切な行動として表現される保護者の親としての思いも含めて、保護者を理解しようとすること」[1]と述べています。保育場面において、受容とは、保護者の不適切な養育や、理不尽な要求などをなんでも受け入れるということではなく、その保護者の立場に立って、不適切な養育に至る思いを理解しようと努めるということです。

　エピソード(1)での保育者の言葉には、いつも子どものそばにいるからこそ、病気でつらそうにしている子どもの思いを保護者に代弁したいという保育者の思いが込められていたかもしれません。しかし、保護者にとっては、子どもが病気になった時さまざまな葛藤があることが、このエピソードからわかります。リナさんの「負い目もある」という表現から、子育てと仕事とのバランスが自分にとってどうなのか、子どもにとってどうなのか、悩みながら揺らいでいることが理解できます。保育者が保護者に子どものことを伝

えることはとても大切なことなのですが、まずは保護者の置かれている状況や思い、迷いを理解しようとすることが前提でなければなりません。

エピソード (2) 退職による退所
（3歳男児の母親アキさんと友人トウコさん）

> アキさん：仕事を辞めて、保育所を退所することを保育者に伝えに行ったとき、「子どもは家でみるのが一番ですからね」、「勇気のある決断しましたね」といわれたのです。「えっ」と、ちょっとびっくりしました。これまでも保育者のそのような気持ちが、言動に時々出ていた気がします。保育者は仕事をしているお母さんを応援する立場だと思っていたのに、働くことを否定的にみられていたのだな、とその一言で感じてしまいました。
> トウコさん：それまで、子どもとの時間を取ることが、なかなかできないことをわかっていながら保育所に預けていたのですよね。
> アキさん：はい。子どもと過ごす時間が十分に取れていないことぐらい、私が一番よくわかっているつもりだったのに、それを指摘されたように思いました。

　エピソード(2)でも、保育者は、退職をして保育所を退所するアキさんと男児に、「家庭で子どもと過ごすことも、とても尊い時間になると思いますよ」とエールを送りたかったのかもしれません。しかし、アキさんには、保護者が仕事をしていることを肯定的にとらえていない保育者の思いとして伝わり、保育者からの言葉は、アキさんに響くどころかマイナスにとらえられています。保育者は、日ごろからの保護者の思いを汲もうとする姿勢が問われているといえるでしょう。「病気の子どもと向き合ってほしい」、「子どもとの時間を十分とってあげてほしい」という保育者の思いをもちつつも、まずは保護者の状況や思い、言い分を受けとめることが大切です。

　ただ、エピソード(1)のようなとき、保育者が、子どもは発熱したけれど保護者も大変だししばらく様子をみようと、保護者の思いや言い分をそのまま実行すると、それは「受け入れた」ことになります。多忙な保護者に応えるため時として必要なこともあるかもしれませんが、必ずしも子どもにとって、また、保護者にとって、ふさわしい支援になるとは限りません。特に病気の時などは、安易な判断をするべきではありません。保護者の思いや言い分を言われるがまま実行しようと「受け入れる」のではなく、保護者の思いや言い分を理解しようと「受けとめる」ことが受容なのです。

第8章 保護者や家庭との連携

2. 傾聴——保護者の話を「聞く」だけでよい？

　では、保育者は保護者の思いにただ耳を傾けるだけでよいでしょうか。保育者は、時として保護者に伝えるべきことを毅然とした態度で伝える大切な役割も担っています。そのときに、どのようなことをどのように伝えるべきか、保育者の専門性を活かした力量が問われます。

　エピソード(1)では、保育者に保護者を非難するような思いがあったかどうかはさておき、少なくともリナさんはそのようにとらえたことになります。保育者が説明や助言をするためには、まずは保育者がリナさんの声に耳を傾け、リナさん自身も保育者に助言や説明を求めたくなるような信頼関係を築いていくよう努めることが大切です。

　支援の対象となる保護者をどのようにとらえているか、保育者の言葉の端々から保護者は敏感に感じ取ります。そのうえで、「子どもが熱を出した時はこのように対応している」と説明したり、「このようにしたらうまくいくと思いますよ」とヒントを出してみたり、「こういう方法もありますよ」という情報を提供するように努めます（病気の時には病児・病後児保育を行う施設や、病後児にファミリー・サポート・センターのような支援を行う事業等[*2]があることを伝えましょう）。

3. 共感——見守りと監視の違い

エピソード (3)　虐待を疑われた
（1歳男児の母親フミさんと友人リエさん）

フミさん：登園した1歳児のユウキの顔がほんのり赤かったことがあって、朝の送迎時に、保育者からどうしたのか尋ねられたのです。もともと、ちょっと暖かくてもほっぺが赤くなる子どもだったので、その時は特に何も思わず、顔を洗うのを嫌がるユウキにホットタオルで顔をふいたことを話したのです。すると次の日から毎朝、保育者に「この顔色はタオルのせいですか、この傷はお家でどうなったのですか」と、小さな虫刺されも細かく聞かれるようになったのです。
リエさん：虐待を疑われたのかもしれないですね。
フミさん：夫が単身赴任のときで、一人で子育てをしていたから保育者も心配してくれていたのだろうけど、毎朝保育者と会話をするとき、追いつめられるような気持ちになりました。

*2
内閣府「地域子ども・子育て支援事業について（2015年）」によると、子育て援助活動支援事業（ファミリー・サポート・センター事業）があります。これは乳幼児や小学生等の児童を有する子育て中の労働者や主婦等を会員として、児童の預かり等の援助を受けることを希望するものと、当該援助を行うことを希望する者との相互援助活動に関する連絡、調整を行う事業です。

エピソード(3)では、見守ろうとしていた保育者のまなざしを、フミさんは、監視されているように感じていたのだといえるでしょう。子どもの体調の変化に敏感になることは、保育者にとって最も大切なことです。子どもの日々の変化をていねいにとらえて保育をすることは大前提ですが、保護者が自らの行動を見守られていると受けとるか、監視されていると受けとるかによって、その意味は大きく変わってきます。保護者の状況を理解しようとし、ともに目を向けていこうという姿勢が保育者には求められています。保護者との会話は、どのように伝えたかではなく、どのように伝わったかが大切です。

しかし、保護者の不適切な養育が疑われるときは[*3]、保護者の意向に反してでも子どもを守らなければならない場合もあります。そのようなときは、けっして一人で判断せず、園長や主任などの上司、同僚、他の専門機関との連携を図りながら、子どもにとって最善になる方法を考えていきましょう。

*3 不適切な養育とは、保護者の養育に子どもが苦痛を感じたり、子どもの心身に危険が生じることが予測されたり、現に心身に問題が生じているような状態をいいます。

注目コラム　子育て支援とソーシャルワーク

保護者への子育て支援として共感の姿勢が必要であることを述べましたが、保育者には、対人援助職の基本として、ソーシャルワークの視点をもつことが求められています。ソーシャルワークとは、社会福祉の専門的援助技術のことをいいます。その人が本来もっている力をうまく引き出すという、エンパワメントを活かす支援をするという特徴があります。

従来の保育現場では、その場に通う子どもの直接的な援助をしていくという考え方が主流でしたが、今日においては、それだけではなく、とりまく環境全体についての理解と援助が必要不可欠になっています。したがって、子育て支援の基本として、ソーシャルワークの考え方が有効なのです。

ソーシャルワークではバイスティックの7つの原則が有名です。

バイスティックの7つの原則
① 個別化の原則
② 意図的な感情の表出の原則
③ 統制された情緒的関与の原則
④ 受容の原則
⑤ 非審判的態度の原則
⑥ クライエントの自己決定の原則
⑦ 秘密保持の原則

出典：F.P. バイスティック『ケースワークの原則』誠信書房　2006年

第8章 保護者や家庭との連携

第3節　園だより・クラスだより
　　　　・連絡帳のあり方

　この節では、保育指導における具体的な手段としてのコミュニケーションツールについて取り上げます。保護者へ発信するものとしては、園だよりやクラスだよりのような保護者全体に発信するものと、連絡帳や育児日誌などの個々の保護者に発信するものとがあります。それぞれの必要性と留意点について学んでいきましょう。

1. 園だより・クラスだより・連絡帳の目的

　日々の保育の様子、子どもの育ち、保育者の思いを保護者に伝える手段として、園だより・クラスだより・連絡帳などのコミュニケーションツールがあります。これらは、文字におこした言葉を通して子育てを支援していくツールです。このようなコミュニケーションツールは、文字をつづる保育者の人となりがあらわれ、信頼関係を構築していくことに大きく寄与します。それはたんに知識を伝えたり、連絡事項を報告したり、様子を列挙したりするものにとどまらず、保育者だからこそ伝えられる子どもの育ちや自身の思いを意識して伝えていくことが大切になります。

2. それぞれの技術と留意点

（1）園だより・クラスだより

　文字に残るということと、不特定多数の保護者が読むということを意識して記述する必要があります。具体的には、個人情報を安易に書かないこと、誰が読んでもわかりやすく、伝わりやすい内容を心がけること、保護者が必要としている情報が正しく記述されていることなどです。そのためには、保護者の手に渡るまでに複数の保育者が目を通し、伝えようとする園側の思いが正しく文章になっているかどうか、ていねいに見直す必要があります。

　日々子どもと向きあう保育者自身の思いを伝えよう！

　日々の保育のなかで、保育者の心が動いたことを、文字にしていきます。たとえば、行事や出来事などでは、内容や状況を列挙するだけでなく、楽しいと思ったことや、うれしいと思ったことなどを言葉にして添えます。それ

135

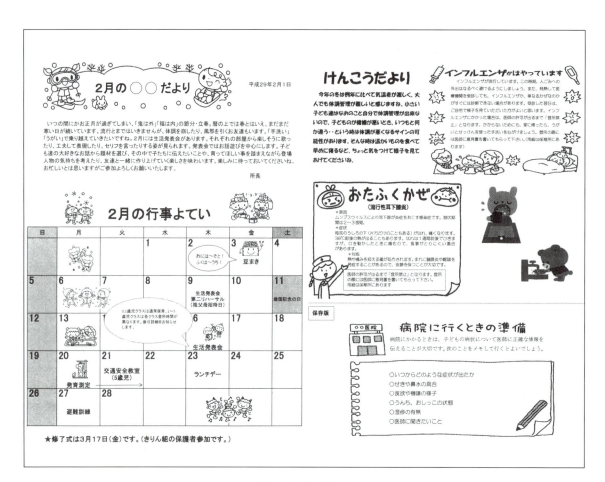

図8-1　園だより

出典：神戸市立H保育所

　だけでも、保護者と子育ての喜びや楽しさを共有することになります。「こんなことがありました」だけではなく、「このようなことがあって、かわいくてつい笑ってしまいました」など、保育者がどのような思いでかかわったかを伝えていきます。このとき、否定的な文章にならないように気をつける必要があります。このようなこと「しか」ではなく、このようなこと「も」と、とらえて書くことが大切です。

　また、行事や出来事などは、結果だけでなく、子どもが経験したプロセスを伝えていきます。運動会や生活発表会などは、当日の様子だけではなく、それまでの子どもの様子、そのような活動に至る背景を記します。これは常に子どもに寄り添う保育者だからこそ、言葉に変えることができるのです。

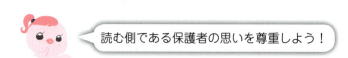

読む側である保護者の思いを尊重しよう！

まずは、「読みたい」と思ってもらえることが重要です。そのため、レイアウトを考えたり、イラストを添えたりというさまざまな工夫が必要になります。あまり教訓的なことばかり書くことも、読み手の思いを削いでしまいます。「こうすべき」だとか、「こうしてください」のように、押しつけにならないよう気をつけましょう。たとえば、もし何か保護者にお願いしたいことがあるときは、「廃材を持ってきてください」ではなく「子どもが今、手作りのおもちゃに夢中ですので、存分に素材が使えるようご協力ください」などと理由や背景を添えることや、「自分で片づけさせてください」ではなく「園ではこのようにしています」というように、保護者と同じ立場で伝えることを心がけます。また、保護者の思いを言葉に変えることも大切です。そのためには、保護者のなにげない言葉や行動にアンテナを張ったり、保護者の思いに考えをめぐらせたり、保護者の子育ての様子に注意を払いましょう。

健康や食事など、子育てのヒントとなるような情報を加えよう！

　たとえば、その季節に流行しやすい病気や、園で人気がある献立の作り方について触れておくと、保護者がふと思い出して活用することがあるかもしれません（図8-1）。知識の押しつけにならないように、わかりやすい言葉でさりげなく知らせるということが、保護者に伝えるコツです。

（2）連絡帳

　連絡帳は、その日一日の園での子どもの様子を言葉で知るツールです。保育時間が長く、なかなか担当の保育者に会えなかったり、とくに朝夕の送迎時の子どもの様子しか知らなかったりする場合は、子どもとかかわる保育者に一日の様子を知らせてもらうことは、保護者自身の子育ての励みにもなります。そのため、批判的にならないこと、具体的に子どものその日の様子をわかりやすく伝えることなどが求められます。

子どものちょっとした出来事を大切にしよう！

　連絡帳を記入するにあたり、基本的な姿勢は、園だより・クラスだよりと同じです。これらのおたよりと異なる点は、その子どもに焦点を当てた内容を記述できるということです。クラス全体のことだけではなく、その子ども

のことをより深く掘り下げて書くことができるので、保護者もわが子をよく見てくれていると感じるものでもあります。その反面、一人一人の子どもの姿をくわしくとらえる必要があるため、その日を振り返ったときに、何をしていたかを書き出せないこともあるかもしれません。子どものつぶやき、しぐさ、保育者がふと感じたことなど、毎日のちょっとしたことを少しずつメモしていくとよいでしょう。また、テクニックとしては、保護者に尋ねるという方法もあります。「園ではこのようなことをよくお話してくれますが、家庭ではどうですか」など、保護者と共有できるような話題が増えることにもつながっていきます。

読み手であり書き手である保護者の思いを尊重しよう！

　連絡帳は毎日保護者が記入するケースが多いため、保護者が育つものでもあるとともに、保護者の負担になるものでもあります。日々、家庭に仕事に手いっぱいの保護者にとって連絡帳が有効なものになるためには、保育者は、保護者がどのような思いを伝えようとしているのか、心に意識を向けて、保護者に寄り添う姿勢が求められます。保護者がつづる言葉を読み、その言葉の裏にある保護者の思いはどのようなものなのか、どのようなことを訴えようとしているのか、心を読みとる必要があります。

　園だより・クラスだより・連絡帳は、子どもと直接かかわる時間に加えて行われる保育業務であるため、つい負担になるものとしてとらえがちです。実際、日々の保育はていねいに実践していても、いざ文字にしていくとなるとなかなか簡単にはいきません。また、自らの保育を振り返る、力量を自覚する機会でもあるため、苦しい思いをすることもあります。

　しかし、言葉を通して保育に向かう思いなどを伝えることは、保護者の保育者へ対する信頼にもつながり、結果として保育実践へ有効に返ってくることになります。そして、確実に自らの保育を実践していく力を向上させます。何を書いたらよいかわからないというときは、自らの保育実践を振り返るよい機会だととらえ、子どもへのまなざしはどうか、保護者へのかかわりはどうかをもう一度考えてみましょう。そして伝えたいと思える場面に出会えるよう、専門性を高めていくことが大切です。

第8章 保護者や家庭との連携

 演習課題

Q 保護者への連絡帳に書くつもりで、本日の授業の出来事を書いてみましょう。

ホップ 今日の授業で大事だと思ったこと、印象に残ったことを箇条書きで書き出してみましょう。

....

....

....

ステップ 「ホップ」で書き出しことをもとに話し合ってみましょう。

....

....

....

ジャンプ 話し合った内容をもとに、連絡帳で保護者に伝えるように文章にまとめてみましょう。

....

....

....

【引用文献】
1）柏女霊峰監修・編著、橋本真紀・西村真実編著『保護者支援スキルアップ講座；保育者の専門性を生かした保護者支援 −保育相談支援（保育指導）の実際−』ひかりのくに　2010年　p.61

【参考文献】
子育て支援者コンピテンシー研究会編著『育つ・つながる子育て支援　具体的な技術・態度を身につける32のリスト』チャイルド社　2009年
子育て支援プロジェクト研究会編『子育て支援の理論と実践』ミネルヴァ書房　2013年
大豆生田啓友・太田光洋・森上史朗編『よくわかる子育て支援・家族援助論［第2版］』
　ミネルヴァ書房　2012年
寺田清美『保育者の伝える力』メイト　2016年

第9章
関係機関や地域との連携

 エクササイズ　　自由にイメージしてみてください

　小学生の児童と保育現場の幼児を仲良くさせるようなイベントを考えてみましょう。そしてその案内を図や絵で作ってみましょう。

第9章 関係機関や地域との連携

この章のまとめ！ 学びのロードマップ

●第1節
保育現場と小学校教育の接続をスムーズに進めるためのさまざまな取り組みがなされています。

●第2節
さまざまな子どもの問題に対応するためには、医療機関、保健機関、療育機関などの専門機関との連携が不可欠です。保育者は子どもや保護者の状況を把握し、専門機関へとつなげます。

●第3節
保育所や幼稚園などの保育の場は、在籍している子どもや保護者のためだけのものではなく、地域の子どもや保護者を支援するためのものであることを認識しましょう。

この章の なるほど キーワード

■**保育者同士の共同理解**…保護者や園外の組織や機関と連携するにあたり、いかに園内の保育者同士で共同理解をもっているかが重要となってきます。

どんな組織でも、そこに所属する人同士のお互いの協力や理解なしには、うまくまわっていかないですね。

第1節　幼稚園・保育所と小学校の連携

1. 幼・保・小の連携の必要性

　今日の保育現場と小学校には、就学に備えて双方で事前の連携を行うことが求められています。ここでは、幼・保・小の連携が必要になった背景を振り返ります。ターニングポイントは、「学級崩壊」と「小1プロブレム」です。

　文部科学省は、2000（平成12）年の「学級経営の充実に関する調査研究」で学級崩壊について述べ、事例をもとに、その原因と回復について検討をしていますが、学級崩壊を未然に防ぐためには、幼稚園・保育所をはじめとする就学前教育との連携が必要であるとしました。また、2005（平成17）年の中央教育審議会答申「子どもを取り巻く環境の変化を踏まえた今後の幼児教育の在り方について」でも、基本的生活習慣、コミュニケーション能力、小学校生活への適応等についての問題点が指摘されました。

　小学校との連携が必要になった背景の一つには、少子化や核家族化等の社会構造の変化も影響しています。かつて子どもは、きょうだいや近所の年上の子どもたちの姿を通じて、自身の育ちをイメージすることができました。少子化が進行している現代においては、身近にモデルとなる姿が存在せず、自身の進路に展望を得ることが困難になっています。もう一点は、保育所・幼稚園と小学校の形態の違いへのとまどいが考えられます。保育の場は比較的自由度が高く、子どもは自身の興味・関心にしたがって活動することができますが、小学校では時間割に沿った行動が求められます。手洗いも休み時間にすまし、決められた時間内に決められた科目を学習し、教師との距離感も変化します。このような生活の変化への適応の困難さが、保育現場と小学校現場双方へ「連携」を必要としているのです。

> 幼・保・小の連携については、保育所保育方針では、第2章 保育の内容の「4 保育の実施に関して留意すべき事項」の「(2) 小学校との連携」で述べられています。
> また、幼稚園教育要領では、第1章総則の「第3 教育課程の役割と編成等」、「第6 幼稚園運営上の留意事項」で述べられています。

2. 幼児期の望ましい子どもの育ち

　文部科学省は、2010（平成22）年の「幼児期の教育と小学校教育の円滑な接続の在り方について（報告）」において、「幼児期の終わりまでに育ってほしい幼児の具体的な姿」をあげています。保育所保育指針や幼稚園教育要領では、子どもの発達の個人差に配慮して、目指すべき方向性が示されています。一方で、小学校学習指導要領においては、1年ごとの到達目標が示されており、幼児期の教育と児童期の教育のあり方に違いがあります。これらのことから、児童期の子どもの育ちは具体的だが、幼児期の子どもの育ちは具体性に欠けわかりにくいという指摘がありました。そこで、2017（平成

第9章 関係機関や地域との連携

29）年に告示された保育所保育指針、幼稚園教育要領、幼保連携型認定こども園教育・保育要領では、「幼児期までに育ってほしい姿」を明示しています。

基本的には、これまでの保育や幼児教育が大切にしてきた理念や原理にもとづいた保育が展開されますが、このような子どもの姿をイメージしながら日々の保育を展開することで、小学校の学びにスムーズにつなげることが望まれています。

3. 連携の具体的な方法について

（1）保育現場におけるアプローチカリキュラム

幼・保・小の連携は、どのように行うべきでしょうか。保育現場では、アプローチカリキュラムの必要性が求められています。

保育現場での生活リズムと小学校での生活リズムは異なります。子どもが生活リズムの突然の変化にとまどうことがないように、小学校入学後を意識したカリキュラムを用いることが望まれます。また、小学校は保育所や幼稚園に比べると建物そのものが大きく、子どもにとっては威圧感を感じることがあります。子ども間での楽しい交流を通じて、不安感をぬぐうことを意識したいものです。運動会や発表会等の行事に互いに訪問し、参加することを通して場になじむ機会をもったり、小学校で一緒に給食を食べたりすることなども、小学校入学後の生活をイメージする機会となります。さらに、日々の保育でも工夫をすることも必要です。年長年齢になると苗字で名前を呼んだり、スクール形式を用いて机とイスを活用した集いの時間をもつなど、小学校の形態を意識した保育を展開することも、小学校入学後の適応を早める効果があります。

（2）小学校におけるスタートカリキュラム

連携において、小学校では、スタートカリキュラムという取り組みが行われています。これは、2010（平成22）年の「幼児期の教育と小学校教育の円滑な接続の在り方に関する調査研究協力者会議」で示されたものです。スタートカリキュラムとは、小学校へ入学した子どもが幼児期の学びを基礎として主体的に自己を発揮し、新しい学校生活を作りだしていくためのカリキュラムをさします。幼児期と児童期の教育の接続を円滑に進めることは、子どもの円滑な小学校生活のスタートや、「小1プロブレム」の発生の防止にもつながります。そのため、小学校でも幼児期の教育との接続を意識した教育が実践されているのです。幼児期に培った学びの芽生えを、小学校の自覚的な学びにつなげるような工夫がなされています。

これは、小学校入学にともなう子どもの環境変化に寄り添ったカリキュラムを導入することで、幼稚園・保育所と小学校の円滑な連携を目指したものですが、そのためには小学校全体でスタートカリキュラムの内容を確認するカリキュラム・マネジメントも求められます[*1]。小学校内で組織を立ち上げ、PDCAサイクルにもとづいた検証を行うことが、子どもの円滑な学校生活につながります。

このように、保育現場と小学校の双方で、連携に向けた取り組みが行われています。保育者はお互いの専門性を意識したうえで、子どもたちのために何ができるかをともに考え、協働しなければなりません。やらなければならないからやるのではなく、子どものことを第一に考え、日常からの交流を図ることの積み重ねが、保育者のとるべき姿勢だといえます。

[*1] カリキュラム・マネジメントについて、詳しくは、第6章の第2節（104ページ）を参照。

第2節　専門機関との連携
——医療・保健・療育機関

1. 専門機関との連携を考える

（1）保育者に必要な連携する視点

 エピソード　虐待に気づいたら（2歳児）

　カナエさんは保育園に勤務して3年目、2歳児クラスを担任しています。最近、担任クラスのリンちゃんの様子が気になっています。これまでは穏やかに遊んでいることが多かったのですが、最近は友だちへの言動が乱暴になることもしばしばで、気に入らないことがあると、カナエさんにも「いや！」「死ね！」と言います。カナエさんはとまどいながらもリンちゃんに受容的にかかわる一方で、会議の場で同僚保育者にリンちゃんの様子を伝えて共有し、見守ることにしました。また、保護者の様子も気になります。よく姿を見かけたリンちゃんのお父さんが送迎に姿を見せることはなく、最近はお母さんばかりが来ています。そのお母さんも柔和であった表情が厳しくなったように感じられ、カナエさんたち保育者と挨拶をするとさっと帰ってしまいます。カナエさんは先輩保育者のアドバイスを受け、かかわりを避けるようなリンちゃんのお母さんに自ら積極的に声をかけ、日々の様子を伝えることを実践することにしました。

> お母さんは送迎準備の作業をしながらも、カナエさんの話を聞いている様子でした。
>   ある日、リンちゃんの頬にあざがあることがわかりました。お母さんは「転んでぶつけた」と言って帰りましたが、リンちゃんはカナエさんに「ママがバチンてした」と言います。カナエさんはクラス担任間、主任、園長と確認し、今後の対応を協議しました。そしてその日のお迎え時に、主任とともにお母さんを相談室に招き、話をしました。最初はかたくなだったお母さんも、カナエさんがリンちゃんやお母さんの様子が気になること、何かあるなら相談してほしいことを一生懸命訴えると、次第にぽつりぽつりと話し出しました。リンちゃんのお父さんと離婚の話が進んでいること、今後の子育てや経済的な不安、そこからくるイライラからリンちゃんにやさしくできないことなどを話しました。カナエさんたちはお母さんの話をさえぎることなく、耳を傾けました。そのうえで、どのような事情があっても暴力はよくないことを伝え、園でもできる限り協力することを話しました。カナエさんは主任や園長と相談し、市の法律相談窓口や単身家庭の相談窓口、子育て支援センターに連絡をとり、相談の流れを確認しました。市のさまざまな相談機関と連携をとることで、お母さんの抱えている問題を少しでも軽減できるようにと考えたからです。カナエさんはお母さんに子育てへの不安は子育て支援センター、離婚については法律相談窓口、単身世帯への支援についての相談窓口等、市内の福祉資源について説明し、訪問できる日を調整しました。お母さんも多忙でしたが、カナエさんと調整した日に休みをとってさまざまな窓口を訪問することで、自身に向き合うことや今後の見通しをもつことができて安心したようです。そして、お母さんの表情が穏やかになってくると同時に、リンちゃんの乱暴な言動も落ち着いてきました。

　保育の仕事は子どもの生活面にかかわるからこそ、子どもや保護者の変化に気づく機会が多くあります。保護者から子どもの言葉の発達について相談があったときや、また子どもの体に不自然なあざを見つけたときは、保育者としてどうすればいいのでしょうか。

　保育者は、子どもの発達にもとづいた保育を展開するスペシャリストですが、子どもの発達や保護者の子育て不安により良く対応するためには、専門性の高い他の専門機関と連携することが必要です。そのことが子どもの発達を保障し命を守ることにつながるのです。そのためには、保育者はどのような専門機関がどこにあるのかを理解していなければなりません。専門機関の機能と役割を理解し、必要に応じて連携をとる視点をもつことが求められます。

（2）専門機関との連携に向けた保育者間の共通理解

　外部の専門機関と連携するうえで大切なのが、保育者同士の共通理解です。多くの保育者が一人の子どもにかかわっているのだから、子どもの姿を他の保育者と確認し、自身では気づかなかった新たな一面を知りながら、子ども理解を深め、保育者が同じ認識をもっていることが重要です。特に保育所や認定こども園は複数担任で引継ぎをしながら保育を展開しています。たとえば、子どもの言葉の発達を心配している保護者が、ある保育者に相談し、発達の専門機関を紹介されたとします。その事実を保育者間で共通理解をしていなければ、別の保育者がその保護者に、子どもの言葉の発達について不用意な指摘をすることも起きてしまいかねません。保護者にしてみれば、保育者に相談しアドバイスも受けたのに、「なぜまた？」と、保育所への不信感につながりかねません。

　このように、保育者間で子どもの姿を理解することと保護者への対応は、保育者間で一貫して同じであることが理想です。どのクラスの子どものことであっても、園の大事な子どものことです。会議や保育カンファレンスを十分に活用し、子どもへの共通理解や保護者対応を図ることが、子どもにとって有益な支援となります。

2. 保育における主な連携先について

（1）保育にかかわる専門機関を考える

　保育者が連携をする専門機関は、表9-1のとおりです。

①医療機関

　子どもの成長発達をサポートするためには、医療機関との連携が必須です。各園では地域の医療機関にかかりつけ医としての協力を依頼し、健康診断や歯科検診など、子どもの健やかな成長発達を支援する努力をしています。

　保育の場が安全であることは大前提ですが、時として突然の熱やけがが発生することもあります。適切な治療が必要な場合には、かかりつけ医を受診します。突発的なけがであっても、医療機関を受診し、適切な診断と治療を受けることは、保護者の安心感にもつながります。

②保健機関

　保育所や幼稚園では、子どもの発達や、子どもへの保護者の対応が気になることがあります。子どもの発達への対応として、各市町村では心理士や保健師等を巡回相談として取り入れるところが増えてきています。子どもの発達には、個人差があることはいうまでもありません。保育者はその個人差に

第9章 関係機関や地域との連携

表9-1 子どもを支える主な専門職

児童福祉に関連する機関	児童福祉施設の福祉専門職	その他の領域
児童相談所 児童福祉司 児童心理司 相談員 心理判定員 心理療法担当職員 児童虐待対応協力員	保育士 　乳児院、母子生活支援施設、保育所、児童養護施設、障害児入所施設、児童発達支援センター、児童心理治療施設 児童指導員 　乳児院、児童養護施設、障害児入所施設、児童発達支援センター、児童心理治療施設	**司法(警察関係)領域** 家庭裁判所調査官 法務教官、法務技官 保護観察官、保護司 少年補導員、少年警察協助員
福祉事務所 社会福祉主事 母子自立支援員 家庭児童福祉主事 家庭相談委員	母子支援員、少年を指導する職員（少年指導員） 　母子生活支援施設 児童の遊びを指導する者（児童厚生員）※ 　児童厚生施設 児童自立支援専門員、児童生活支援員※ 　児童自立支援施設	**教育領域** 教諭・養護教諭 スクールカウンセラー スクールソーシャルワーカー 特別支援教育コーディネーター 生徒指導主事、進路指導主事 教育相談員、社会教育主事
保健所 保健師 精神保健福祉相談員	家庭支援専門相談員（ファミリーソーシャルワーカー） 　乳児院、児童養護施設、児童心理治療施設、児童自立支援施設 個別対応職員 　乳児院、児童養護施設、児童心理治療施設、児童自立支援施設	**保健・医療領域** 医師、看護師、保健師、助産師 臨床心理士、心理療法士 理学療法士、作業療法士、言語療法士 医療ソーシャルワーカー、精神科ソーシャルワーカー 栄養士
婦人相談所 婦人相談員	児童発達支援管理責任者 　障害児入所施設、児童発達支援センター	**労働関係** 勤労少年ホーム指導員、職業相談員

※ 児童厚生施設に配置される児童の遊びを指導する者、児童自立支援施設に配置される児童生活支援員は、保育士、社会福祉士などが資格要件となっています。

出典：田中まさ子『保育者論』みらい 2012年 p.83を一部改変

対応しながら保育を展開しますが、専門的知見が必要な場合もあります。そのようなときには、専門職と連携しながら子どもの全体像について多面的に考える機会が必要であり、子ども育ちへのより良い理解につなげることができます。

　保護者への子育て支援の一環として、心理士が相談支援にあたることもあります。保護者が、子育て上のさまざまな課題を抱えている際に、保育者が対応することも必要ですが、より専門的な対応が必要な場合は、保健機関等への連携が必要になります。保育者はその機関がどのような機能をもっているのかを保護者に説明し、つなぐことを求められます。適切な対応をすることで保護者の不安が多少なりとも解消され、子どもとのかかわりに前向きになれるのであれば、子どもにとっての最善の利益につながります。

③**療育機関**

　療育機関は、子どもの発達に関する専門機関です。言葉や肢体、知的発達等により専門的な支援が子どもに必要な場合は、療育機関と連携することが

重要です。子どもの発達を心配する保護者の依頼を受けて、保育者が療育機関を紹介する場合もあります。しかし、注意しなければならないのは、保育者の意向ではなく保護者の意向が反映されているかという点です。保育者は日々多くの子どもと接するため、子どもの発達に深い理解があり、育ちの違いにすぐに気づきます。保護者は自身の子どもの発達に気がかりを感じていても、一方で否定したい気持ちをもつこともあります。そのような保護者の心理的な「揺れ」につき合いながら、療育機関とつないでいくことが求められます。大事なことは子どもへの支援を最優先しながら、保護者の納得を得て連携することです。この点を理解したうえで、地域の療育機関についての知識を活かし、連携することが求められます。

（2）専門機関と連携する保育者の姿勢

　さまざまな専門機関と連携する際に、保育者は子どもの姿を伝えます。その際、日々の保育で見られる子どもの姿と、その姿から推測される発達の状態について言葉で説明する力量が求められます。専門機関に一口に「年齢を考えると、子どもの言葉の発達が気になる」と訴えても、その子どもの様子は伝わってきません。たとえば、明確に表出されている単語はいくつあるか、子どもの間ではどのようにコミュニケーションをしているか、保育者の言葉は理解しているか、子どもが思いを伝えるときはどのような様子かなど、保育場面を通じて得られた子どもの姿を伝えることが、子どもの状態像や子ども理解を手助けすることになります。保育者には普段の子どもの様子を的確に把握し、言語化する観察力と表現力が求められます。

第3節　地域における子育て支援

　2009（平成21）年の保育所保育指針、幼稚園教育要領の改訂により、保育所や幼稚園の役割に「保護者に対する支援」が盛り込まれました。そして、2017（平成29）年の改訂によって、保育所保育指針では「第4章　子育て支援」に、幼稚園教育要領では「第3章　教育課程に係る教育時間の終了後等に行う教育活動などの留意事項」に示されています。その内容から、保育者の役割は、保育所や幼稚園に在籍している子どもや保護者のためだけではなく、広く地域の子育て支援に尽力することだとわかります。したがって、保育者は、広く地域を俯瞰した視野で子育てを支援することで保護者のストレスを軽減し、子どもの健やかな発達を保障する役割があるのです。

第**9**章 関係機関や地域との連携

1. 保育の場を利用した子育て支援

(1) 在園児の家庭への子育て支援

　保育所利用家庭への子育て支援は、多くの場合、日々の保育を通して行われます。まず、日々の保育内容を誠実に展開することが、最も大切な支援につながります。保育所で一日の大半を過ごす子どもたちがそこでいきいきと自己を発揮できているのか、楽しい時間を過ごせているのかという点は、保護者にとって重大な関心事であり、これらが保障されることが保護者への子育て支援につながります。その点を理解したうえで、子育て支援の手掛かりとなる手段が活用されるのが望ましいでしょう。

　保育で自然に実践されている内容を検討してみましょう。たとえば、保育所等で用いられる連絡帳は、日々の子どもの姿を保護者と互いに共有し合う重要なツールです。家庭訪問も子どもの背景である生活の場を知ることで、より子ども理解が促進され、家族のもつ力を把握することにもつながります。送迎時も、子どもを迎えに来た際に、「おかえりなさい」の言葉とともに一日の子どもの様子を伝えることは、保護者の安心感の醸成につながります。その時、保護者は子どもの姿から感じる不安やとまどいを「相談」として気負わずに、なにげない会話のなかで話すことがあります。そのような会話では、専門性からみた正しいアドバイスを伝えるのではなく、まずは保護者の話にしっかりと耳を傾け、保護者なりの考えや努力を認めていくことが大切です。そのうえで、具体的なかかわりを提案していくことが望ましいでしょう。

(2) 地域の子育て家庭への子育て支援

　保育所や幼稚園は、在園児だけでなく、地域における子育て支援を行うことも明確化されています。子育て支援は主に2つあり、一つは「一時預かり」です。これは、地域の子育て中の保護者がそれぞれのニーズに合わせて子どもを一時保育に預けることです。通院や仕事、冠婚葬祭や保護者自身のリフレッシュなど理由はさまざまですが、地域の保護者のために子どもを預かることも重要な子育て支援です。

　もう一つは、地域の子育て支援の拠点として活動することです。これは、園庭開放など保育所の機能を地域に開放することです。たとえば、親子遊びのプログラムや食育や離乳食についての講座、育児講座、プレママ・プレパパへの講座など、さまざまなものがあります。これらを通して子どもへの適切なかかわり、遊具の使い方や具体的な遊び方を提示し、行動見本を示すことは、保護者の子ども理解につながり、重要な子育て支援となります。講座や遊びの場面を通して、困っていることやわからないことに具体的に対応す

ることから、保護者の育児負担感は軽減されていきます。なによりも、困ったことを気軽に相談し、応えてくれること、自身の子育てを認めてくれる保育者の存在は、保護者を支える原動力となります。

2. 家庭的保育者などの地域型保育事業との連携

(1) 地域型保育事業とは

　2015（平成27）年より、子育て支援の量の拡大と質の向上を目指して、子ども・子育て支援新制度が導入されました。質の向上では、職員の配置基準の見直しや処遇の改善が図られ、量の拡大には、待機児童の解消のねらいがあります。特に0歳児から2歳児は保育所への入所が厳しい状態が続いていますが、この問題の解消を図るために導入されたのが、「地域型保育事業」です。これは0歳から2歳までの子どもを対象とし、家庭的保育、小規模保育、事業所内保育、居宅訪問型保育の4種別で展開されています（表9－2）。そして、地域の幼稚園・保育所・認定こども園と連携することが前提となっています。

表9－2　地域型保育事業と設置数

名称	内容	2015年	2016年
家庭的保育	家庭的な雰囲気のもと、少人数（定員5人以下）の保育を行う	931	958
小規模保育	家庭的な雰囲気のもと少人数（6～19人）の保育を行う	1,655	2,429
事業所内保育	事業所内で従業員と地域の子どもへの保育を行う	150	323
居宅訪問型保育	保護者の自宅で1対1の保育を行う	4	9

出典：厚生労働省「地域型保育事業の件数について」（平成28年4月1日現在）を改変

(2) 家庭的保育者との連携

　ここでは、地域型保育事業のなかでも、家庭的保育者との連携について考えます。

　地域型保育事業について、設置基準は保育所等に準じますが、保育者の資格要件は必ずしも幼稚園教諭や保育士の資格を必要とせず、市町村の研修を受講し、有資格者と同等であると認められることとなっています（おもに子育て経験者、看護師、教員等の資格を有する者などが対象です）。そのようななかで、地域の幼稚園・保育所・認定こども園には、家庭的保育の保育内容の支援や、卒園後の受け皿としての役割を担う連携施設としての役割が位置づけられています。

　家庭的保育の良いところは、少人数できめ細やかな対応を得られるところです。一方で、家庭的保育の従事者の専門性に対して、なんらかの支援が必

要であることも事実です。地域の幼稚園・保育所・認定こども園は、家庭的保育者と連携しながら保育の質の向上を目指さねばなりません。これらの連携は、保育内容の検討、行事への参加、健康診断、子育て支援への助言など日常的な保育の場で取り組むことが必要です。これらの機会に協働することを通じて、保育の質を高めていくことが求められます。

 演習課題

Q もし自分が親になったとき、子育てはどのようなことが大変だと思いますか。自由に意見を出してみましょう。

ホップ 自分の感じたことや思ったことを箇条書きで書き出してみましょう。

ステップ 「ホップ」で書き出したことをもとに話し合ってみましょう。

ジャンプ 話し合った内容を文章にまとめてみましょう。

【参考文献】
厚生労働省『保育所保育指針』フレーベル館　2017年
文部科学省『幼稚園教育要領』フレーベル館　2017年
国立教育政策研究所教育課程研究センター『スタートカリキュラムスタートブック』
　2015年
田中まさこ編『保育者論』みらい　2012年
千葉茂明編『新エッセンシャル児童・家庭福祉論』みらい　2010年

第10章
「失敗」から学んでいく

 エクササイズ　　自由にイメージしてみてください

あなたのこれまでの人生において「失敗」したこと、「失敗」から学んだことを思い出してみましょう。

第10章「失敗」から学んでいく

この章のまとめ！

学びのロードマップ

●第1節
エピソードからベテラン保育者と新人保育者の違いを学び、「失敗」を活かす方法を考えてみましょう。

●第2節
一人一人の子どもにしっかりと対応するには、保育カンファレンスなどを通して情報を共有し、職員間での連携を図ることも必要です。「同僚性」を育むことが良い職場、良い保育へとつながります。

●第3節
保育の質を向上させるために、保育者には主体的な学びの場としての園内研修・園外研修への積極的な参加が求められます。

●第4節
保護者の苦情には、担当者一人ではなく職員全体として対応することが必要です。

この章の なるほど キーワード

■**同僚性**…職場において新任もベテランもともに学び合い、助け合う関係のこと。

「失敗」しても大丈夫！まわりの人の助けも借りて、そこから学んでいきましょう。

第1節　ベテランと新人の違い―事例から考える

　保育者になると、遊びがうまく進められない、子どものよさよりマイナス面が気になる、保護者に自分の気持ちが伝わらない、ピアノがうまく弾けない、明日の保育案が考えられないなど、保育に行きづまる経験をたくさんします。その経験によって、保育者としての自覚が育ち、幼児理解の大切さに気づき、子どもたちの育ちにつながる遊びを展開するための保育力がついていきます。そのためには、子どもの気持ちや気づきなど子どもの心の動きをしっかりと受け止めていくことが大切です。そして、一つ一つの保育がつながっていくように、今日の保育のなかで子どもたちが何に興味をもち、楽しめたのか、また、自分の保育で困ったこと、子どもと共有し楽しめるよう工夫できたことなどを振り返って考えていくことが、子どもの育ちとなり、自分の課題や遊びの展開がみえてくるようになります。

1. 子どもと信頼関係を築くには

　子どもの内面を受け止めることは、とても大切なことです。子どもにとって、自分の気持ちをわかってくれる人の存在はとてもうれしいものです。子どもが何を考えているのか、感じているのか、どうしたいのかと保育者が子どもの思いを知ろうとする気持ちがあれば、子どもには思いが伝わっていきます。保育者の主観で考えたり、決めつけたりしていないかと振り返りながら、かかわっていくことが必要です。そうしていくことが子どもの気持ちに寄り添っていくことです。その積み重なりが信頼関係を作っていきます。

(1) 子どもの思いに寄り添う援助―ベテラン保育者から学ぶ―

✎エピソード (1) 「保育室で待っているね」（4歳児）

　4月に入園してきたゼンくんは、毎朝、張り切って登園してきました。4月末になっても、自分から元気に「おはよう」と挨拶はしますが、いろいろなことが気になって朝の支度が進みません。担任の保育者（新任）が「おかばんの場所、わかる？」と声をかけると「わかる」と答えるものの、①なかなか動こうとしません。しばらく担任は様子を見ながら「一緒にしようか？」と再び声をかけると、②「いい！」と言って自分でさっと支度を終え、外遊びに出かけて行きました。

第10章「失敗」から学んでいく

　　ゼンくんは、好きな遊びの時間では、友だちが園庭の花壇に水やりをした時にできた水たまりをじっと見つめていました。自分もジョロを持って来て、水を少し流し、水が流れ進む様子を見ていました。好きな遊びの時間が終わり、担任の「片づけましょう」の声かけには気づきジョロは片づけましたが、保育室には帰って来ませんでした。担任が「みんな帰ってきているよ」「お歌が始まるよ」「お部屋で待っているね」と何度も声をかけましたが、③「うん」と返事しながら水の流れを見ています。担任は、ゼンくんが帰ってこないので、クラスの遊びを始められずに困っていました。

　　その時、その様子を見ていた保育者（ベテラン）がゼンくんに声をかけました。「ゼンくん、何か見つけたの？」ゼンくん「・・・」。ゼンくんはじっと下を向いています。保育者は「水が流れているね」とゼンくんの視線が水の流れをとらえていることに気づきました。ゼンくんは、保育者の顔をちらりと見て「あのな、アリが困ってんねん」と応えました。保育者は「へえー、よく気づいたね」と返事をしながら見てみると、水の流れのそばでアリがうろうろしていました。ゼンくんは「できるかなって思って見てるん」と言いながら、視線はじっとアリに注がれたままです。保育者が「そう、心配になったのね。アリさんが帰れるか見ているのね」と言うと、「うん」とうれしそうに返事をしました。④「もう少し、見ていたいのね。もう少し見ていてもいいよ。クラスの友だちは歌をうたって待っててもいい？」と尋ねました。ゼンくんが「うん」と応えたので、ベテラン保育者はそのことを担任に知らせました。

　　担任は、ゼンくんがよく見える位置に子どもたちを集め、歌をうたい出しました。⑤保育者は「楽しそうに歌っているね」とゼンくんに声をかけました。「うん。あの歌、好き。家でも歌ってる！」とゼンくん。そして「あっ！もうちょっと」アリが水の流れの少ないところから向こう岸に渡ったのを見て、⑥「よしっ」とうなずきました。保育者が「アリさん、ゼンくんの応援の気持ちがうれしかったと思うよ。ゼンくんの歌声もアリさんに聞いてもらおうね」と言うと、⑦ゼンくんは急いで靴を履き替え、保育室に戻っていきました。⑧担任は「ゼンくん、おかえり。待っていたよ」と迎え入れ、クラスの友だちと一緒に歌いました。

（2）保育を振り返って

　　入園当初、子どもたちは不安を感じていたり、緊張したりしています。登園後の身支度も自分なりに確認したり考えたり、周りの様子を見たりと一人一人の行動はそれぞれです。今、何を考えているのか、困っていることはないかなど子どもの気持ちに寄り添うことが大切です。①のように自分で朝の支度はできるけれど、動かないでじっと友だちや周りの様子を見ているゼンくんが何を考えているのか、少し見守り、その子なりの気持ちを受け止めて

いきましょう。朝の支度をさっとすましてほしいという保育者の願いを押しつけることなく様子を見ながら、じっくりとその子の気持ちを受け止めていくことが信頼関係への第一歩です。②周りを見ながら自分が幼稚園にいること、友だちの存在などその子なりに味わい感じる時間は、自分の居場所を見つけることが安心感につながります。4月、5月はゆっくりと一人一人の姿を見つめ、保育者がその子を知ろう、知りたいという気持ちをもって接していくことが子ども理解につながっていきます。

　好きな遊びでのゼンくんの様子を読み取り、何に興味や関心をもっているのかを気づいていく援助が気持ちに寄り添っていくことです。③のゼンくんの様子を保育者はどう受け止めるかによってゼンくんへの言葉がけが変わっていきます。この担任にはベテラン保育者のさりげない援助に感謝し、自分に足りなかったことを次に活かしてほしいと思います。

　小さなアリに気持ちを寄せていたゼンくんは、⑥のように自分の気持ちをわかってくれた経験が、人を信じる気持ちとなっていくでしょう。好き勝手にさせるということではありません。ゼンくんの思いに寄り添った時、少し見守りながら、クラスの友だちのことも意識させる言葉がけ（⑤）をしています。

　⑥のゼンくんのうなずき、⑦の急いでクラスに帰って行く姿には満足感があります。⑧の担任がかけた言葉もゼンくんには心地よかったことでしょう。

2. 子どもの育ちを導く援助

　保育者は、子どもを理解し「遊びの質」を高めるためには、「遊びとは」どのような活動をし、どんな意味をもつのかということを理解することが必要です。遊びのなかで、子どもはいろいろな心の動きを体験します。緊張感や開放感、充実感、時には挫折感や不安を感じることもあります。その心の葛藤を乗り越えて味わう満足感や達成感が自信となり、意欲につながっていきます。

（1）自分と向き合わせていくための援助－ベテラン保育者から学ぶ－

エピソード (2)　「ぜったいに無理！」（5歳児）

　運動会に向けて、子どもたちはチャレンジ遊びに取り組んでいました。1学期のふれあい参観日に保護者に作ってもらった竹馬に夢中になっている子もいました。そんななか、チャレンジ遊びに参加しないケントがいま

第10章 「失敗」から学んでいく

した。運動遊びが好きなケントでしたが、竹馬の遊びには「できない！」「できないからいい！」と遊びに入ってきませんでした。「一歩あるけた」「園庭のはしっこまで行けた」とクラスの友だちは少しずつ乗れるようになり、楽しくなってきていました。担任にうれしそうに話す友だちの

ことを見ながら、ケントは「キックボードで遊んでいました。①担任はケントに「一緒にしよう！」と誘いましたが、首を横に振ります。②友だちが「練習せなあかんで」と言うと、プイと後ろを向いてしまいます。担任はどうしていいかわからなくなってしまいました。
　そんな時、隣のクラスのベテラン保育者が「手伝うよ！ぜったいにケントくんなら乗れる」と声をかけると、ケントはそっと竹馬を持ってきました。③ベテラン保育者は「すごい！ 持ってくるの早いね。それってすごいことだよ。やっぱりケントくんならすぐ乗れると思う」と練習を始めました。「先生（担任のこと）、ケントくん、すごいよ！見て！」と大きな声で言うと、④担任も「すごい！」と駆け寄ってきてほめました。その日以来、ケントは自分からも練習するようになりましたが、あと少しというところで自分から一歩が踏み出せず、保育者に頼っていました。そんな日が数日過ぎ、クラスで竹馬を披露することになりました。「まだ、乗れないからイヤや」と言うケントに、担任は黙ってうなずきました。そしてケントの順番が来ました。その時、園長先生が「持ってあげるから」と耳元で言いました。それならという感じでケントが乗って一歩を踏み出した時、園長先生はそっと背中を押して支えていた竹馬の手を放しました。一瞬、はっとしたケントでしたが、そのまま2歩、3歩と進み、一人で乗ることができました。⑤友だちが「乗れた！」「すごい！」「やったな」と口々にケントに声をかけました。担任が駆け寄って「できた！できた！」と抱きしめました。園長先生が「毎日、練習していたから、乗れるって思ったよ」と声をかけました。

（2）保育を振り返って

　竹馬チャレンジは、ケントには「やりたくない」「できない」という自分に向き合う経験となりました。できないことから逃げたい気持ちをどう変えていくかが保育者のかかわり方です。担任が①のように誘い、ベテラン保育者の言葉がけに反応したのは、「乗りたい」という気持ちが熟してきていたのでしょう。タイミングを見計って言葉をかけていくこと、前向きになれる言葉がけを保育者はいくつももっておくことが必要です。
　②のように子どもは本音をぶつけていきます。保育者はどんな気持ちで言っているのか、受け止めているのかを見極めていくことが大事です。③は

ケントが少しでも心動かした瞬間にしっかりと認めていくことの大事さが読み取れます。④は担任も心が動いたケントの側まで来て認めています。その子の成長を感じた瞬間にすぐに認めることがそっと背中を押す援助となります。また、②の経験があるから⑤の経験が大きく心を揺さぶります。保育者はきっかけをつくっていく援助者であり、その子どもへの願いをしっかりともってかかわると「遊びの質」が高まり、達成感や自信となります。

　ベテランの保育者にも新任の時はあり、すぐに充実した保育ができるようになったわけではありません。失敗しながら、つかんでいくのが保育力だといえるでしょう。ベテランの保育者も日々の保育のなかで、悩みながら自分の保育力を磨いています。子どもたちが今、何に興味をもっているのかを見つけたいと思う気持ちが大切です。たとえば、ふれさせたい自然や感じさせたい季節など、保育者や友だちに共感することで育つ力をしっかりと願う気持ちが、子どもたちの育ちになり、保育者の育ちになっていくのです。自分がどういう保育者になりたいのかという志が、保育者としての力量を高めていく動機になります。自分の周りにいる保育者から学ぶことも大きいでしょう。好きな絵本と出会う、四季を感じる生活を大切にする、あこがれの保育者を見つける、保育実践の書物を読む、講演会や研修会に出かけるなど、自分磨きをしていくことが、保育者としての豊かな人間性を育んでいくことになります。

第2節　職員間の連携、保育カンファレンス、同僚性

　一人一人の子どもをしっかりと受け止め育てていくには、全職員で取り組むこと、複数の保育者が同じ場面を共有し、意見交換をする場をもつことが重要です。保育について全職員で話し合い、共有することは職員間の連携を深めることにつながり、遊びを読み取る力を高め、援助の方向を見出すことにつながります。職場において、新任もベテランもそれぞれの経験を生かして、学び合い、意見を出し合う協働的な関係を「同僚性」（collegiality）といいます。同僚性を育むことが良い職場へとつながります。

1. 職員間の連携の大切さ

　エピソード(1)(2)から職員間の連携の大切さがわかります。新任の保育者はベテランの保育者から学び、ベテランの保育者も若い保育者を育てる気持ちをもって互いの保育を支え合うことが連携になります。一人一人の子どもを全職員で育てていくという意識をもっているのがプロの保育者です。職員

間の連携ができている園は、子どもたちにとっても居心地のよい過ごしやすい環境となります。隣のクラスの子どもが泣いている場面に出会った時、担任ではなくても、自分の見た事実や感じたことを担任に伝えていくことが大切なことです。自分のクラスの子どものなかにどう受け止めていいのかわからなかったり迷ったりした場合は、他の保育者に相談したり、意見を聞いたりして、自分の視野や価値観だけで子どもを判断していないかを確かめていくことも、互いの保育観を磨き合い、同僚性を作っていくことになります。園全体で保育を進めていくという気持ちや関係性が同僚性を築いていくのです。

2. 保育カンファレンス

保育について実践事例を元に話し合う形式を「保育カンファレンス」といいます。保育者がチームとなり、互いの保育から学び合うということがとても重要です。現場の「チーム力」を高めるためには、研修を充実させるなどして、「人を育てる」「互いに育ち合う」関係をめざし、取り組んでいくことが望ましいです。

そのために留意するべき点として、以下の4つがあげられます。
①相手を尊重しつつも、本音で自分の意見を話すこと（意思疎通）。
②結論を導くより、多様な意見が出され、多角的な視点が獲得できるようにすること（子ども理解・保育力向上）。
③それぞれの課題から自分の問題として考えていくこと（保育集団としてのチーム力向上）。
④批判をせず、相手のいいところを認め、子どもの育ちに即した話し合いをすること（専門性の向上）。

3. 同僚性は保育者の専門性の向上につながる

(1)「同僚性」を育むために

保育者の同僚性と保育の質は密接につながっています。保育者が自分の専門性を高めようとする時は、同僚の保育者と自分の保育を振り返る園内研究会や保育カンファレンスが欠かせません。保育者が互いに学び合えば、自分と違うとらえ方・考え方を知って、子どもの理解について自己研鑽する機会になり、保育者として大きく成長する場面にも出会えるかもしれません。

（2）園全体の遊びを豊かにする園内研究会

　園内研究会や保育カンファレンスを効果的に進めていくことで同僚性を高め、お互いの保育から学び合い、園全体の保育の専門性を高めることになっていきます。

　保育者の遊びに対する意識を把握し、遊びの意味について話し合い、共通理解を図っていきます。実践を通して、具体的な子どもの姿から、遊びのなかで何を経験しているのかを考え、子どもたちの遊びがより豊かになるようにするための「環境」「子どもの姿をどう読み取るか」「かかわり」など、プロセスを検討していきます。「遊びへの理解」を深めていくことが「遊びの質」を高めていくことにつながっていきます。

第3節　研修・研究など園内外での学び

　保育者を目指す学生が、日々、大学などでの講義を通して学ぶものもあれば、保育実習のように学外での研修を通して学ぶこともあります。そのなかで、自身の成長とともに、保育者としての専門性が深まることもあるでしょう。保育者も同様に、自身の保育者としての専門性を深化させていけるよう、さまざまな学びの機会が大切です。保育所保育指針の第5章には「職員の資質向上」が取りあげられており、保育者の専門性や協働性を高め、保育の質を向上させていくうえで、学びの機会として「研修」の大切さがあげられています。ここでは、保育者にとっての研修・研究に臨む姿勢や、その種類などについて学んでいきます。

1. 失敗に向き合う心と保育者の主体的な学び

 エピソード (3)　子どもの泣きの意味するもの

　初任保育者のミホさんは4歳児クラスを担当しています。ある日、ミホさんがオオカミ役となり、「オオカミさん、いま何時？」という追いかけ遊びをした時のこと、いざ保育者がオオカミになって追いかけようとした時、レナちゃんが泣き出してしまいました。そして、そのままその日は遊びの間、ずっと泣き続けたまま終わってしまいました。「レナちゃんも始まる前は楽しみにしていたのに、なぜあんなに泣いたのだろう。オオカミというイメージが怖すぎたのか……」。ミホさんは子どもを泣かせてしまったことを気に病み、同僚の先輩保育者にも相談しました。先輩保育者からは「こうした経験も必要で、これから

少しずつ遊びのなかの怖さも乗り越えて、強くなっていくことも子どもの成長だからね。気にしないようにね」とアドバイスをされました。ミホさんは、先輩の温かい言葉に感謝しつつも、それだとこの出来事を肯定的にとらえすぎていて、自分の反省にならないと感じました。そこでもう一度、先輩保育者に、なんでもいいので気づいたことを教えてほしいとお願いすると、「もしかすると、子どもは先生にもう少し遠くから追いかけてきてほしかったんじゃないかな？ ミホ先生は子どもにスリルを味わってほしくて、子どもとの距離が近いところから追いかけてしまったけど、レナちゃんにとってはそれが怖さにつながったのかもしれないね」とアドバイスされました。次の日、ミホさんは早速アドバイスを活かし、レナちゃんも楽しんで参加しました。

（1）「自己評価」という自分の課題に向き合う心

エピソード(3)で、初任保育者のミホさんは子どもの泣きを通して、自分の保育にはなにか課題があるのではないかと感じていましたが、それがなにかわからずにいました。先輩の保育者に再三「自ら相談」をしたことで、次の保育に活かすアイデアを得ることができたといえるでしょう。日々の保育の質を高めていくためには、ミホさんのように「自己評価」を行うことで、自身の保育の課題に向き合うことが大切です。保育者としての成長には、こうした「自分自身が課題を持ち、主体的に学ぶ」といった、専門性を自ら獲得しようとする姿勢をもつことが必要です。

（2）複数の目が、実践者の気づかない課題を浮かび上がらせる

ミホさんは、自身が行った遊びのどこに課題があるかわからず、オオカミというイメージが幼児には怖すぎるのかなど考えるものの、明日からの解決の糸口とまでは思えない状況でした。先輩保育者のアドバイスが、自身の気づかない保育の課題を浮かびあがらせてくれたといえます。最近では、自身の保育をビデオ撮影し、映像を通してカンファレンスを行うことや、保育中の写真を通して、保育の課題や子どもの学びについて気づきを深めていく研修も行われています。このように実践者は自身の保育を客観的に見ることが難しいなか、自分以外の複数の目から保育の課題を検討していくことで、より深く具体的な課題を得ることができるのです。

その際、気をつけるべき点もあります。保育課題について職員同士で話し合う際、そこには少なからず「他者の保育への評価」を行うことになります。単純な事実の指摘は、必ずしも人の成長につながるとは限りません。エピソード(3)の先輩保育者は、ミホさんへのアドバイスの仕方、言葉づかいな

ど含め、ミホさんへの配慮が感じられます。同僚という仲間として、ともに成長し合うために伝え方を考えることは大切です。養成段階の学生も、さまざまなグループディスカッションなど、人と話し合うなかで、将来につながる伝え方を意識的に学んでいく姿勢が必要です。

2. 園内外における研修の大切さ

(1) 園内研修とその大切さ

エピソード(3)は個別的な職員同士のインフォーマルな話し合いでしたが、園内のメンバーと行われる、よりフォーマルな研修が園内研修です。

エピソード (4) 安全管理のグループディスカッションを通して

> 園内の安全性を高めるため、危険箇所の共通理解と対策を考えるグループディスカッションを行いました。そうしたところ、幼児クラス担当者が特に危険を感じていなかったところを、乳児クラス担当者は危険に感じていることがわかってきました。また、ある保育者から、危険な場所を管理するだけでなく、子ども自身の安全に関する判断力や回避能力を育むことも大切ではないかと意見も出され、安全管理と安全教育のバランスをどう考えていくか、職員全体で考えるきっかけになりました。
> こうした話し合いを通して、園内安全環境マップの作成や、幼児クラスと乳児クラスの保育者の日常的な情報共有のきっかけとなりました。

前にも述べた通り、同僚同士の話し合いは、保育におけるさまざまな課題や解決策、今後の見通しをもたらしてくれます。園内研修とはそのように専門性を高め合う機会でありながら、同時にエピソード(4)のように、グループワークを通して、保育者一人一人が互いの思いを認め合いながら、同僚間のコミュニケーションの形成、ひいては園全体のより良いコミュニケーション文化を形成していくことにもつながっていくのです。

こうした園内研修には、事例のようにあるテーマについて検討する保育カンファレンスや、自身の保育を他者に公開し気づきを得るものや、外部講師を招いた研修、園外研修で学んだことを同僚に伝達するものなど、さまざまな方法があります。

（2）園外研修とその大切さ

エピソード (5)　食事場面をめぐる園の対応

複数園の保育者で、グループディスカッションを行う研修で、若い保育者から「勤務先の園は食事の際、好き嫌いせずすべての食事を食べることを大切にしており、食べ終わるのに1時間以上かかる子どもがいる。どうすればもっと早く食べることができるようになるか」と相談がありました。そこで、各園が食事の際に大切にしていることや、適切な食事時間などについて話し合いました。研修後、「食事の時間が好きになることを大切にしている園のお話が大変参考になりました。食事におけるねらい、乳幼児期にふさわしい食事のあり方について、自園の課題をより多角的にとらえる機会になりました」と感想が寄せられました。

エピソード(5)のように、園外の研修では、「自園にとっての常識」という、園内研修では気づきにくい、新たな見方・考え方など得るものが多くあります。本来であれば、園内の全保育者が園外研修に出ることができればよいですが、保育所など長時間子どもがいる場所では難しいものがあります。そのため、園外研修を行った保育者が、そこでの学びや気づきを自園に持ち帰り、同僚と共有しながら自園の保育に活かしていくことが必要になります。

3. さまざまな研修と保育者のキャリア

近年、子どもや子育てを取り巻く環境が変化し、保育所や保育士に求められる役割が多様化しています。そのため、保育者にはより高度な専門性を身につけるためにも、研修機会を充実し、自ら積極的に学ぶことが大切です。また、保育は初任者からベテランまで、多様な人材が協働することによって、より質の高い保育が可能になります。そのためには初任の保育者、中堅の保育者、初任者など若手に指導を行うリーダー的役割の保育者など、それぞれのキャリアや職務内容に応じた専門性の向上を図るための研修機会の充実が必要です。2017（平成29）年に改定された保育所保育指針の第5章 職員の資質向上では、研修の実施体制について、こうしたキャリアパスもみすえた、体系的な研修計画を立てる大切さが明記されています。

体系的な研修計画を考える際、現在の保育現場において専門的な対応が求められている分野としては、保育士の場合、表10－1の①から⑧の8つの分野があげられます。いずれの分野も質の高い保育を行ううえで、重要な視

点です。保育者は、自分の得意なこと、好きな分野だけを学ぶのではなく、総合的に質の高い保育者になるため、各種分野の成長を意識していく必要があります。保育者を目指す学生の段階から、特に①から⑥の分野について意識して学んでいくとよいでしょう。

表10-1 保育現場において専門的な対応が求められる分野

分野	①乳児保育（主に0歳から3歳未満児向けの保育内容）	②幼児教育（主に3歳以上児向けの保育内容）	③障害児保育	④食育・アレルギー対応	⑤保健衛生・安全対策	⑥保護者支援・子育て支援	⑦マネジメント	⑧保育実践
内容	・乳児保育の意義 ・乳児保育の環境 ・乳児への適切な関わりなど	・幼児教育の意義 ・幼児教育の環境 ・幼児の発達に応じた保育内容	・障害の理解 ・障害児保育の環境 ・障害児の発達援助など	・栄養に関する基礎知識 ・食育計画の作成と活用 ・アレルギー疾患の理解など	・保健計画の作成と活用 ・事故防止及び健康安全管理 ・感染症対策ガイドラインなど	・保護者支援・子育て支援の意義 ・保護者に対する相談援助 ・地域における子育て支援など	・マネジメントの理解 ・リーダーシップ ・組織目標の設定	・保育における環境構成 ・子どもとの関わり方 ・身体を使った遊びなど

出典：保育士のキャリアパスに係る研修体系等の構築に関する調査研究協力者会議「調査研究協力者会議における議論の最終とりまとめ～保育士のキャリアパスに係る研修体系の構築について～」2016年をもとに筆者作成

第4節　苦情解決方法－より良い組織運営に向けて

1. 苦情解決と協働

　保育では、程度の差はあれ、保護者や近隣住民からなんらかの苦情が寄せられることがあります。特に若い保育者では、目の前の子どもへの対応や、日々の保育を進めることに精いっぱいで、保護者にまで細やかな配慮ができないこともあります。また、若いうちは言葉のつかい方を誤り、齟齬が生じるなかで苦情に発展するケースもあるでしょう。保育者は、こうした苦情に対する対応を通しても、さまざまなことに気づき、自身を成長させていくことになります。

エピソード (6)　けがをめぐる保育者の失敗談

　自由遊びの時間、タクミくん（4歳）は背丈ほどの高さの場所からジャンプをすることを楽しんでいました。何度か繰り返していた際、着地の際にバランスを崩し、「ゴン！」と後頭部を打ってしまいました。幸い、たんこぶなどもできておらず、タクミくん本人も「大丈夫！」と言ったため、保育者はそこで安心してしまいました。その後、保育中の様子は見て

いましたが大丈夫そうだったので、保護者や園長には報告しませんでした。翌日、タクミくんの保護者が園長に「頭を痛そうにしている」と訴え、状況の説明を求められました。園長にも報告していなかったため、保護者から不信感を抱かれてしまいました。園長からも、自己判断せず、報告する大切さについて指導を受けました。

　保育における協働では、報告・連絡・相談（ホウレンソウ）が大切です。保育者として成長することは、たんに子どもへの対応や保育の進め方ができるようになるだけでなく、協働する保育者集団の一員として、他者と協働できるようになることも大切なのです。エピソード(6)においても、まずは上司に報告しておくことで、自身では思い至らなかった対応についてアドバイスをもらえたことでしょう。学生においても実習時にトラブルや困ったことについて、どの程度のものであれば相談・報告すべきか悩むことが多々あります。どのような小さいことでも報告することが大切なのですが、先輩などの保育者が忙しそうにしていると遠慮してしまい、自分だけで抱え込んでしまうこともあります。しかし保育者が協働し、伝え合うことは、子どもや保護者が不安を抱くことがないよう配慮することにつながっていることを強く意識し行動することが大切です。その際には、口頭だけでなく、出来事の生じた時刻や内容を記録するなどし、よりきめ細やかに職員間で伝え合いができるよう意識することも大切です。

2. 苦情解決の体制・対応

　苦情に対し、職員間の協働が重要なのは前にも述べましたが、その第一歩として、保育者自身が組織体制について理解しておくことも必要です。

　保育所では、苦情解決責任者である施設長のもとに、苦情解決担当者が決められており、苦情受付の窓口にもなっています。保育者に直接、苦情を伝えられることもありますが、苦情の受付から解決までの手続きについて各園が明確にし、その方法もホームページなどを通して公表されています。また、園のホームページには、実際にどのような内容の苦情があり、どのように対応したかといった経過報告が公表されているので、そこから、現場での具体的な苦情内容を知り、気をつけるべき点などを学ぶこともできます。

　また、保育者の苦情への対応として、保育所保育指針解説書では次の4つの事項が必要だとされています。

　①自らの保育や保護者等への対応を謙虚に振り返り、誠実に対応する。
　②保護者等との相互理解を図り、信頼関係を築くことを大切に行動する。

③苦情に関しての検討内容や解決までの経過を記録し、職員会議などで共通理解を図り、実践に役立てる。
　④保護者等の意向を受け止めながら、園の考えや保育の意図などについて十分に説明するとともに、改善や努力の意思を表明する。

このような苦情への対応を通して、さらなる保育の質の向上が図られていきます。

3. ともに悩むことのできる職員集団

　時代の変化とともに、保護者は多様なニーズを抱いています。信頼関係を築きたくても、なかなか心を開いてくれない保護者や、保護者自身が精神的に不安定で、対応が難しいこともあります。こうした保護者への対応に悩んだり、苦情を受けることは、なにも若い保育者に限ったことではありません。ベテランの保育者も、時代の変化に精いっぱい対応するため、日々悩みながら実践をしています。

　また、実際の保育は、「親の保育への要望」と「子どもの育ちの保障」との間で頻繁にジレンマが生じます。たとえば、午睡（昼寝）をめぐる問題として、子どもの就寝時刻を早めたい保護者から昼寝の停止を求められたとします。確かに就寝時刻が遅くなる理由の一つに昼寝があるかもしれませんが、昼寝という休息の時間がなくなることで、保育中に子どもが疲れ、イライラすることが多くなったり、不注意によるけがにつながることも考えられます。両者とも、子どものためを思ったもので、明確にどちらかが正解というものではありません。こうしたジレンマを調整し、悩みながら対処していくことが、保育者の専門性といえます。

　しかし、「悩む」ということは、保育者自身を追いつめ、疲れさせてしまうものでもあります。保育学研究者の鈴木佐喜子氏[1]は、保育者にとって、グチを聞いて、助言してくれたり、励まし支えてくれる仲間が必要であるとし、保育者が安心して悩むことができるよう、苦しみを共有し「共に悩む関係」を築いていくことが、職員集団づくりにおいて大切であることを指摘しています。苦情解決にとって、職員集団の関係のあり方は、困難を乗り越え、成長するための心の土台としても大切なのです。

第10章「失敗」から学んでいく

 　　　　　　　　　　　　　　　演習課題

Q 学生生活で困ったとき、あなたはどのような方法でそれを乗り越えますか。

ホップ　自分の失敗とその原因を箇条書きで書き出してみましょう。

ステップ　「ホップ」で書き出したことをもとに話し合ってみましょう。

ジャンプ　話し合った内容を文章にまとめてみましょう。

【引用文献】
1）鈴木佐喜子『時代と向き合う保育下−子どもの育ちを守ることと親を支えることのジレンマをこえて−』ひとなる書房　2004年　p.88-89

【参考文献】
保育士のキャリアパスに係る研修体系等の構築に関する調査研究協力者会議『調査研究協力者会議における議論の最終とりまとめ−保育士のキャリアパスに係る研修体系の構築について−』2016年

第11章
保育者のライフデザインを考える

エクササイズ　　自由にイメージしてみてください

　これまでの人生を振り返ってあなたの判断で、最高の状態を10点、最悪の状態を0点とします。大学に入学した時は何点で、入学して○か月たった現在は何点だと思いますか。また、その理由をあげてみてください。

第11章 保育者のライフデザインを考える

学びのロードマップ

この章のまとめ！

- 第1節
  保育者の就業状況から、自分自身のこれからの働き方について考えてみましょう。
- 第2節
  これからの将来、どんなふうに働き、どのように生きていくのかについて、結婚・出産といったライフイベントとも関連させながら、保育者としてのライフデザインを描いてみましょう。
- 第3節
  保育現場では、さまざまな困難や乗り越えないといけないハードルがあるかもしれません。しかし、それらを克服していくことで、保育者としての成長があることを信じてください。

この章の なるほど キーワード

■ **レジリエンス**…逆境や困難、強いストレスに直面した時に、適応する精神力と心理的プロセスのこと。

ストレスは心にも体にも影響を及ぼします。働くうえでストレスは避けられませんが、ストレスとうまくつきあう方法を身につけましょう。

第1節　保育者の就業状況

保育ニーズの多様化に伴い、保護者や地域社会の保育者に対する期待が高まっています。乳幼児一人一人の生涯にわたる人格形成の基礎を培ううえで重要な役割を担っている保育者の就業状況をみながら、自分自身のこれからの働き方について考えてみましょう。

1. 幼稚園と保育所で働く保育者数

図11－1は、幼稚園と保育所で働く保育者の数を表しています。2015（平成27）年現在、幼稚園に勤務する保育者が約10万人であるのに対し、保育所に勤務する保育者が約46万人と4.5倍近くの差があります。その理由としては、幼稚園に比べ、保育所では幼児だけでなく0～2歳児の保育を行ったり、開園時間が長い場合が多く、それだけ人材を必要としていることが考えられます。ただし、現在では、認定こども園[*1]や幼稚園における預かり保育の増加等により、幼稚園で幼稚園教諭として、保育所で保育士として勤務するというこれまでの典型的な働き方が少しずつ変わってきています。

[*1] 認定こども園は、平成27年4月1日時点で施設数2,836か所、保育者数64,103人です。

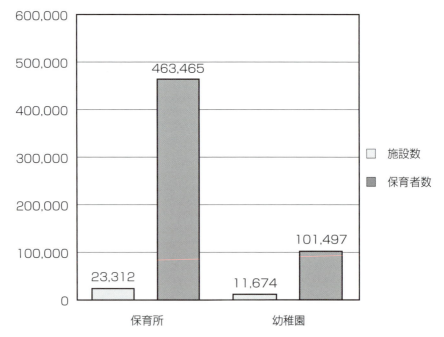

図11－1　保育者数と施設数（平成27年度）

出典：厚生労働省『社会福祉施設等調査報告書（平成27年度）』および文部科学省『学校基本調査報告書（平成27年度）』をもとに筆者作成

第11章 保育者のライフデザインを考える

2. 男性保育者の割合の推移

　図11-2は、男性保育者の割合の推移を表しています。2005（平成17）年の男性幼稚園教諭数は、1955（昭和30）年と比べると10倍以上に増加しています。また、保育士に関しては、1976（昭和51）年以前には女性の「保母」しか認められていませんでしたが、法律の改正によって「保父」が認められるようになり、1995（平成7）年から2000（平成12）年の5年間には2倍以上と急激に増加しています[1]。保育者を目指す男子学生を積極的に受け入れている大学・短期大学・専門学校も多く、男性保育者への期待が高まってきてはいますが、いまだに幼稚園教諭、保育士ともに男性の割合はわずか1～2％に過ぎません。その理由には、圧倒的多数のしかも年齢が異なる女性保育者と上手に付き合っていくことの難しさや、賃金の問題があることが考えられます。

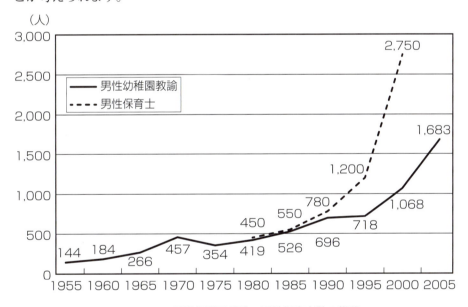

図11-2　男性幼稚園教諭・男性保育士数の推移

資料：文部科学省『学校基本調査報告書』「全国男性保育者連絡会資料」（2005年）
出典：秋田喜代美編集代表『今に生きる保育者論[第3版]』みらい、2016年、p.183

男性保育者の数は増えているけど、オムツ替え論争などまだまだ認知度が低いよね。

3. 保育者の平均年齢と勤続年数及び所定内給与額

　表11-1は、保育者の平均年齢と勤続年数及び所定内給与額を表しています。
　幼稚園教諭と保育士の勤務年数はほぼ同じ約7.5年となっています。給与に関しては、幼稚園教諭が225.7万円、保育士が213万円と幼稚園教諭のほうが若干高い傾向にあります。また、全労働者平均と比較してみると、幼稚

ただし、公立と私立では待遇面でかなり差があるようです。

園教諭と保育士の両方とも経験年数は6割、給与は7割程度となります。

表11-1 保育士等の平均年齢、勤続年数および所定内給与額

	平均年齢	勤続年数	所定内給与額
全産業	42.3歳	12.1年	304.4千円
保育士	35.0歳	7.6年	213.0千円
幼稚園教諭	32.3歳	7.5年	225.7千円
ホームヘルパー	45.3歳	6.6年	211.2千円
福祉施設介護職員	39.7歳	6.0年	210.4千円

注1) 所定内給与額について、本文では万円単位で小数点第1位まで表記している。
注2) 政府はこの間「賃金構造基本統計調査」の「決まって支給する現金給与額」を使って保育士給与を説明し、マスコミ報道や識者の論評もこれを引き受けた記述の例が多い。その場合の保育士給与は21.9万円である。しかし、「決まって支給する現金給与額」には超過勤務手当が含まれており、職種間の賃金水準の比較には本来不向きである。政府統計、財界シンクタンク、労働組合のいずれも、賃金の比較や推移には「所定内給与額」を用いるのが通例であり、本稿ではこれに従っている。
資料：厚生労働省「2015年賃金構造基本統計調査」より作成
出典：全国保育団体連絡会・保育研究所編『2016保育白書』ひとなる書房 2016年 p.122

4. 保育者の離職理由について

図11-3は、保育者の離職理由についての回答をまとめたものです。保育者を辞めた理由としては、「妊娠・出産」と「給料が安い」が同程度で最も多くなっています。その他、「職場の人間関係」、「結婚」、「仕事量が多い」といった理由が続いています。これらの理由は保育者に限らず見られるものと考えられますが、保育者として働き続けるためには労働条件が整うことも、とても大事だということがわかります。

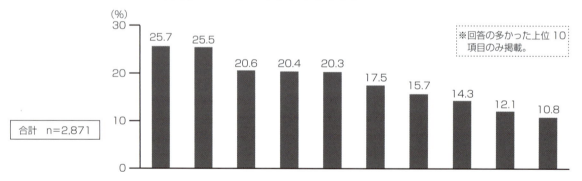

		n	2 妊娠・出産	6 給料が安い	9 職場の人間関係	1 結婚	7 仕事量が多い	8 労働時間が長い	4 健康上の理由（体力を含む）	12 他業種への興味	3 子育て・家事	5 転居
0	合計	2,871	25.7	25.5	20.6	20.4	20.3	17.5	15.7	14.3	12.1	10.8
1	正規職員	1,438	24.3	28.4	26.3	28.9	27.2	25.5	16.7	13.6	12.1	13.1
2	有期契約職員フルタイム	386	28.5	26.7	16.6	15.3	16.1	13.7	14.5	18.1	9.8	10.4
3	有期契約職員パートタイム	828	26.8	21.3	13.4	8.3	11.6	6.3	14.9	13.3	13.3	8.3

図11-3 保育士を辞めた理由（複数回答）

出典：東京都福祉保健局「平成26年東京都保育士実態調査」を一部改変

第11章 保育者のライフデザインを考える

 演習課題

Q 次のエピソードを読んで保育者としての働き方を考えてみましょう。

エピソード (1) 保育者としての1年目を振り返って

(幼稚園教諭 20代女性)

> 私は1年目の1学期がとてもつらかったです。1学期を終えた時に、「こんな保育でよかったのかな、私で大丈夫かな」と自分自身の保育に自信がありませんでした。また、子どもたちは成長しているのか、すごく不安になりました。しかし、乗り越えたかどうかわかりませんが、夏休みにあるお泊まり保育（一泊二日の行事）を終えてみたら、今までより子どもが成長して見えて、10月の運動会を乗り越えると、子どもたちのなかで友だち関係が増えていて、さらにたくましくなったように見えました。自分が成長させてあげるのではなくて、自然と子どもってその環境のなかで成長していくんだなと感じました。

ホップ あなた自身において、最初は不安だったり、自信がなかったことで、その後克服できたことはありますか。

....
....
....

ステップ あなた自身が、不安に思っていたり、自信がなかったことを、どのようにして克服できましたか。思い出してみましょう。

....
....
....

ジャンプ あなた自身が、現在、不安に思っていたり、自信がないことがあるとすればどのようなことですか。この後、どうすれば克服できると思いますか。グループでも話し合ってみましょう。

....
....
....

第2節　保育者としてのライフデザイン

　これまで保育者について実際の就業状況をみてきましたが、ここでは、保育者としてのライフデザインについて具体的に考えていきます。ライフデザインとは、自分らしい人生や生活・暮らしをデザインすることです。

1. 保育者のライフコースとキャリア

　とくに女性がライフプランやキャリアデザインを考える際、結婚と出産の問題がポイントとなります。仕事を継続するのか、退職して子育てに専念するのかが重要となるからです。ライフプランとは、結婚や出産も含めた生涯における自分らしい人生設計のことであり、キャリアデザインとは、生涯のなかで自分らしくどのように働きたいかの構想です。

　図11－4は、保育者のさまざまなライフコースとキャリアをあらわしています。①は、保育者が新卒から定年まで同じ園に勤め続ける場合を示しています。しかし、②のように、良い条件やさらなる挑戦を求めて、勤務する園を変える場合もあります。また、③④のように結婚・出産などの理由でいったん勤務先を辞め、子育てなどの期間をおいてから正規職員として再就職する場合、あるいは、⑤のように正規職員ではなくパート保育者として勤務する場合もあります。さらに、⑥のように離職した保育者が再就職しない場合もあれば、⑦のように保育者養成の大学を卒業後、保育者以外の職業に就いてから、その後一定期間をおいて保育者として就職する場合や、保育者養成とは関係のない大学を卒業して一般企業に就職しながら、その後保育士や幼稚園教諭の資格を取得し、保育者となる場合もあります[2]。

> 人生にはいろいろな選択肢があるね。

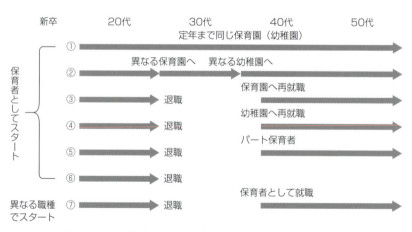

図11－4　保育者のさまざまなライフコースとキャリア
出典：矢藤誠慈郎・天野珠路編『保育者論』中央法規出版　2015年　p.183 を一部改変

2. 結婚・出産について

（1）結婚について

　図11－5は、結婚に対する意識を男女別に表しています。結婚に対する意識として、男女ともに「好きな人と一緒にいることができる」「家族や子どもをもつことができる」が70％以上になっています。何歳で、どのような相手と結婚したいのかを考えることも、ライフデザインを考えるうえで大切です[3]。

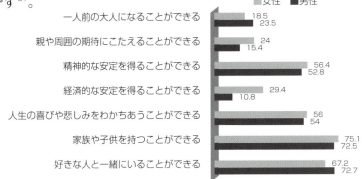

図11－5　結婚に対する意識（男女別）

出典：独立行政法人国立青少年教育機構
http://www.niye.go.jp/kenkyu_houkoku_contents/detail/i/52 より筆者作成

（2）出産について

　図11－6は、年齢別出産数の変化を表しています。1955（昭和30）年から2007（平成19）年にかけて、20～24歳の女性の出産数は、46万から12万人に激減しています。また、25～29歳の出産数も、その間、69万から32万人に半減しています。これに対して、30～34歳及び35～40歳が増大しています。この理由は、女性の社会進出が近年めざましく、ある程度キャリアが構築されるまで出産を見送る女性が増加したからです[3]。

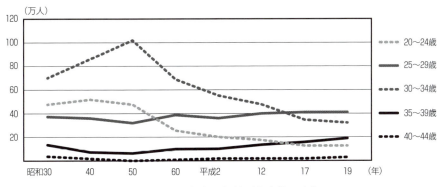

図11－6　年次・年齢別出産数の変化

出典：厚生労働省 http://www.stat.go.jp/data/nihon/02.htm より筆者作成

第3節　レジリエンスを培う

　第1節で述べたように、保育者の平均勤続年数は、幼稚園教諭で7.5年、保育士で7.6年と、全労働者の12.1年に比べて非常に短く、保育者の早期離職の問題が深刻化しています。保育者同士が信頼関係を築き、意欲をもって資質向上に努めることができにくくなっているのが現状です。

　指定保育士養成施設の卒業生を対象に実施した調査によれば、現在保育者として働いている人であっても、82.1％が仕事を辞めたいと思ったことが「ある」と回答しています。そして、それがどのような時かという質問では、「職場内の人間関係がいやだと思ったとき」（55.2％）、「仕事の量が多すぎて疲れを感じたとき」（52.6％）、「園・施設の方針に疑問を感じたとき」（43.0％）が上位を占めています[4]。これでは、実際に離職に至らなかったとしても保育者相互が信頼関係のなかで資質向上に取り組み、経験を積み重ね、より良いキャリアを形成していける状況にあるとはいえません。

　保育者を取り巻く環境には、さまざまな困難が存在しています。しかしながら、困難な状況や逆境に直面したとしても、すべての保育者が離職をするわけではありません。さまざまな困難に出会っても、それを乗り越える力をもち、やりがいと楽しみを感じながら、キャリアを築いていく保育者も少なくありません。ここで注目したいのが、困難を乗り越える力であるレジリエンスです。

1. レジリエンスについて

　レジリエンスとは、「逆境や困難、強いストレスに直面したときに、適応する精神力と心理的プロセス」と定義されています。つまり、「逆境力」・「回復力」です。レジリエンスは生まれもったものではなく自分で鍛えることが可能です。その構成要素は、「自己肯定感」、「感情調節」、「自己効力感」、「楽観性」、「人間関係」です。この5つをバランス良く磨くことがレジリエンスを高めることにつながります[5]。

転んでも、また起き上がれるよ！

(1) 自己肯定感
　自己肯定感は、「自尊心」ともいわれ、自分を否定せずに肯定し、自分の価値を認める自己肯定感をもつと、逆境下でも自分に対して前向きで、困難にも「自分は負けない」と感じる心の強さが得られます。

(2) 感情調節
　感情調節に長けていると、トラブルやプレッシャーを感じた時、他の人があきらめてしまいそうな時に、気持ちを動揺させずに落ち着いて辛抱強く前

に進むことができます。

（3）自己効力感

「自分ならやればできる」と自分を信じ、他の人には無理だと思える場面でもやり遂げることのできる力です。

（4）楽観性

将来に対して明るい展望をもち、物事を前向きにとらえ、困難なことに遭遇しても前進していける心のもち方です。

（5）人間関係

周囲の人と良好な関係を作ることができ、困難なときには閉塞的思考に陥らず、逆境から抜け出すことができるソーシャル・スキルです。このスキルをもつ人は、親密なつながりのある関係を家庭や職場にもち、いざ困った時に心の支えとなり、相談・支援することができる仲間をもっています。

2. 保育者にとってのやりがい

前述の指定保育士養成施設の卒業生を対象とした調査から、現職保育者として働いている人の94.7％が、やりがいを感じていることがわかりました。そして、どのようなときにやりがいを感じるかという質問では、図11－7のような結果となっています（複数回答）[4]。大変なことはたくさんあるかもしれませんが、レジリエンスを高め、やりがいに目を向けて保育者の仕事を続けることで少しずつ良い職場へと変わっていくのです。

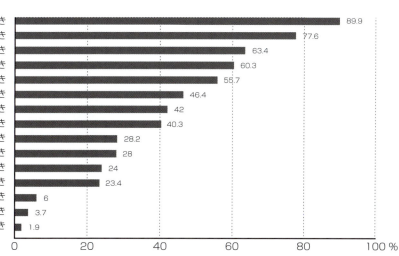

図11－7　保育者のやりがいについて

注：調査対象は、指定保育士養成講座を卒業して2年め、6年め、11年めの人で、現在「保育職」に就いている人。
　　ここでいう「保育職」には、幼稚園、保育所、保育所以外の児童福祉施設、社会福祉施設等で働いている人を含む。
出典：全国保育士養成協議会『保育士養成資料集第50号』2009年　p.144の数値にもとづき、筆者がグラフを作成し直した。

レッツトライ 演習課題

Q 次のエピソードを読んで、レジリエンスについて考えてみましょう。

エピソード (2)　保育者としてのこれまでを振り返って

（保育園園長 60 代女性）

> 保育者として長い間がんばっているなかで、子どもたちや先輩、保護者にもまれて、少しずつ自分を変えていくことができたように思います。困った時も、なるべくプラス思考で考えるようにしました。保育者としてこれまで勤めてきたおかげで、成長したことはいっぱいあります。また、仕事を辞めたいと思ったことは何回もありました。しかし、つらかったことは、園長や先輩、同僚の先生たちと相談し合っていました。それができたのも、何年も一緒に仕事をしてきた仲間だったからです。でも、つらいことを乗り越えたらいろいろな発見もあったし、達成感や「やったー」というやりがいがありました。

ホップ　園長先生は、レジリエンスをどのように高められたと思いますか。考えてみましょう。

……………………………………………………………………………………………………
……………………………………………………………………………………………………
……………………………………………………………………………………………………

ステップ　自分自身のことを考えた場合に、レジリエンスのどの構成要因が高いですか（低いですか）。

……………………………………………………………………………………………………
……………………………………………………………………………………………………
……………………………………………………………………………………………………

第11章 保育者のライフデザインを考える

ジャンプ 仲間や家族、有名人（スポーツ選手、芸能人、芸術家など）でレジリエンスが高い人は誰ですか。また、その理由は何ですか。さらに、あなた自身がレジリエンスを高めていくために、どのような努力が必要ですか。

....

....

....

【引用文献】
1）秋田喜代美編『新時代の保育双書　今に生きる保育者論［第3版］』みらい　2016年
2）矢藤誠慈郎・天野珠路著『基本保育シリーズ　保育者論』中央法規　2015年
3）渡辺峻編『女子学生のためのキャリア・ガイダンス』中央経済社　2015年
4）全国保育士養成協議会編『保育士養成資料集』第50号　2009年
5）久世浩司『親子で育てる折れない心』実業の日本社　2014年

【参考文献】
生田貞子ほか編『保育実践を支える保育の原理』福村出版　2010年
石田美清編『子どもと教師のための教育原理』保育出版社　2012年
大沢裕・高橋弥生編『保育者養成シリーズ　保育者論』一芸社　2011年
寿山泰二ほか著『大学生のためのキャリアガイドブック』北大路書房　2009年
厚生労働省『保育所保育指針』フレーベル館　2017年
全国保育団体連絡会・保育研究所編『2016保育白書』ひとなる書房　2016年
牧野英克編『いのちのキャリア教育』ナカニシヤ出版　2016年
文部科学省『小学校キャリア教育の手引き［改訂版］』　2011年
板倉憲政ほか「持続可能なコミュニティ形成に向けたライフデザイン支援」『岐阜大学教育学部研究報告人文科学』第64巻第2号　2016年

第12章
これからの保育のために

エクササイズ　　自由にイメージしてみてください

近い将来、保育者になるあなたは、どのような保育者を目指していますか。

第12章 これからの保育のために

この章のまとめ！

学びのロードマップ

- 第1節
  これまでのさまざまな保育者の名言を味わってみましょう。
- 第2節
  理想の保育者とは、①場づくり、②状況づくり、③情況づくりのできる人のことです。

この章の なるほど キーワード

■**育ての心**…倉橋惣三により示された「自ら育つものを育たせようとする心」のこと。

保育者は、人を育て、そのことによってまた自分も育っていく尊い職業なのです。

倉橋惣三と園児

出典：お茶の水女子大学所蔵

第1節　先達の保育の実践から学ぶ―名言のあれこれ

　保育者は、子どもたちが出会う最初の「先生」です。子どもたちは、家庭から離れて過ごす園生活のなかで、保育者の温かい見守りのもと、生涯にわたる生き方の基礎を学びます。子どもたちの遊びや生活の様子をみていると、「順番でしょ」「ほらほら、危ないからね」「すごいねー、できたねー」と、保育者の口調や口癖があちらこちらから聞こえてきます。私たちが想像している以上に、子どもたちは担当保育者の影響を受けながら学び、生活しているのです。園で営まれている子どもの学びの基盤には、保育者に向けられた信頼やあこがれの気持ちがあります。大好きな先生がいることで、園生活が魅力的な場になり、先生の励ましや笑顔が新たな活動への原動力になるのです。

　本章では、職業としての保育者というとらえ方から脱却し、園生活のなかで、子どもの育ちを支える存在としての保育者を視点として考えます。子どもに寄り添い、子どもから学び、保護者とともに子どもの育ちを支えながら、自らも成長し続ける保育者であるために大切なことは何か、「先達の名言」や「保育実践事例」を手がかりとして、具体的に考えます。

1. 世界の保育者から学ぶ

　これからの保育を担う人として、人間的な豊かさが求められています。子どもが求める「先生」は、子どもに真摯に向き合い、子どものありのままを受け止め、子どもとともにある保育者という存在です。そのためには、保育者が子ども理解を深め、幼児期の保育・教育について学び、自らの視野を広げ続けることが大切です。

　ここでは、子どもの教育に携わる者として、触れておきたい代表的な先達の名言を紹介します。それぞれの文章に込められたメッセージを自分なりに読み解いてみましょう。

①ルソー（Rousseau, J.J.）

「人は子どもというものを知らない、大人になる前の子どもがどういうものかを知らない」[1]。

（1712－1778年）

子どもを小さな大人としてではなく、子ども固有の存在としてとらえ、幼児期にふさわしい生活や子ども理解の必要性を提唱しました。

②フレーベル（Fröbel, F.W.A）

（1782 - 1852 年）

「さあ、私たちの子どもらに生きようではないか！」（墓碑）

　フレーベルの墓碑は、幼児の教育遊具として開発した「恩物」がモチーフとなっています。保育者とは、子どもとともに生き、子どものために生きる存在であると同時に、保育者自身も子どもとともに成長し続ける精神の大切さを訴えています[2]。

③デューイ（Dewy, J.）

（1859 - 1952 年）

「子どもが太陽となり、その周囲を教育のさまざまな装置が回転することになる。子どもが中心となり、その周りに教育についての装置が組織されることになる」[3]。

　上記の言葉は、児童中心主義を明確に主張しています。この考えは、わが国における「環境を通して行う保育」の基本理念につながっています。保育者として、子どもの自発性・主体性を発揮して自ら育つ姿を尊重し、子どもの発達段階や興味関心に応じて、環境を組織する力を養うことが求められています。

2. 日本の保育者から学ぶ

①倉橋惣三

お茶の水女子大学所蔵
（1882 - 1955 年）

「我々は、幼児を愛する人でなければならぬ。我々は、幼児のためを思う人でなければならぬ。しかも、それだけでは足らぬ。我々は幼児を尊重する人でなければならぬ」[4]。

　保育者が幼児を尊重できるということは、尊敬すべき幼児を教育する自分の存在を尊重することにつながることを伝えています。

②灰谷健次郎（1934 - 2006 年）

「保育理念の達成を、一方の献身によって果たそうとするのではなく、幼いいのちの成長に添おうとするすべての人々の叡智と、誠実な実践によって共に学びあう世界を作ろうとするのです」[5]。

　灰谷は、自らが子どもに寄り添う保育実践の実現を目指して開設した保育園の保育理念の一つとして上記の言葉を述べました。子ども自身を生活の主体ととらえ、子どもが育ち育とうとする姿を尊び、喜びや悲しみを共有できる保育園生活を創ることを目指しています。

③津守　真（1926年〜）

> 「幼児の中における自分自身を意識するときに、教師ということばで意識するとしたら、何か大切なものが落ちてしまうのではないだろうか。「せんせい」は、子どもと社会的な身分の違いを前提として振舞うのではなく、人間として共通な部分によって相互に理解しあうのである。幼児と教師は、それぞれ人間としていき方を求めている人間と人間である」[6]。

　子どもは全身全霊で自分の生き方を思索し、今を生きようとしています。保育者は、子どもがぶつかる問題を、自分自身の課題として真剣に取り組む人間でなければならないことを説いています。

　ここでは、6人の先達の保育実践者の名言を紹介しました。なかには古い時代に語られた言葉もありました。その言葉にこめられたメッセージには、長い時代を超えて脈々と受け継がれてきた保育理念を感じることができます。また、保育者としてだけでなく、人として成長し続けること、生き抜くことへの探究心をもち続けることの大切さが述べられています。

第2節　より良い保育者像を目指して

　あなたが思い浮かべる「理想の先生」は、どのような先生ですか。たとえば、ピアノが上手に弾けること、わらべ歌や子どもの好きな遊びをたくさん知っていることも大切なことの一つでしょう。また、たくさんの子どもに囲まれたやさしい笑顔の先生、真剣に叱るときの目が厳しくも温かい先生、額に汗しながら子どもと駆けまわる元気な先生など、いろいろな表情や姿を思い浮かべることもあると思います。もしかすると、お母さんと離れて不安な時に抱きしめてくれた先生、初めて鉄棒ができた時に一緒に喜んでくれた先生など、あなたの心に残る先生を理想と結びつける人もいるでしょう。

　理想の保育者像をもつことは、簡単なようで奥が深いものです。それは、個々の保育者によって違いがあり、それぞれに輝いているものです。また、理想の保育者像をもつことによって、ひとつでも理想に近づけるように努力し、自らの専門性や人間性を磨き、成長することができます。このように考えると、保育者の成長にともなって、理想の保育者像も成長し続けるのです。

　ここでは、自分なりの理想の保育者像を描くための基本となる観点を示し、具体的な保育実践事例を手がかりとして、理想の保育者像について論考します。これからの保育を担う保育者として、成長し続けるために大切なことについて考えてみてください。

第12章 これからの保育のために

1. 理想の保育者像の基本

　幼児期の教育・保育は「環境を通して行う」ことが基本とされています。保育者は、子どもの育ちを見極めながら保育環境を構成することが求められます。ここでは、保育者を教育・保育における「環境構成者」として位置づけます。保育者に支えられながら展開している園生活の広がりは、大きく3つのステージに分けることができます。第一のステージは、「場づくり」、第二のステージは「状況づくり」、第三のステージは「情況づくり」です。この3つのステージを観点に、理想の保育者としての基本姿勢について考えます[7]。

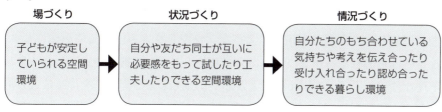

図12−1　3つのステージ

(1) 第一ステージ「場づくり」

　第一ステージでは、子どもの心が安定し、落ち着ける空間環境を作ることが大切です。保育者の基本姿勢は、子どもの精神的な安定を第一に考え、子どもが安心できる「居場所」を作ることです。たとえば、低年齢児のクラスでは、持ち物や椅子、ロッカー等に個人識別シールを貼ることも居場所づくりの一つです。また、園内にある空き教室やスペースに、子どもが静かに絵本を読む場所やひとりになって過ごせるような落ち着ける空間を確保することも有効です。その際、ベンチやソファーの設置やダンボールハウスや天蓋を活用するなど、保育室や園内の環境にも工夫が必要です。

　そして、子どもが安定した気持ちでいられる空間環境のなかで、自己を発揮し、自ら進んで、生き生きと生活できる「場」を整えます。園生活の流れがある程度一定に保たれ、子ども自身が予測しながら安定的に生活することが大切です。保育者は、ゆとりをもって子どもとともに過ごし、子どもの「自分でしようとする気持ち」を育みます。その際、保育者が子どもの心に寄り添い、落ち着ける存在であることが求められます。大好きな保育者の存在が子どもの心を安定させ、子どもの自立的な生活への第一歩となるのです。

ふりかえりメモ：

（2）第二ステージ「状況づくり」

　第二ステージでは、自分や友だち同士が互いに必要感をもって、試したり工夫したりできる空間環境を作ることが大切です。保育者の基本姿勢は、子どもの興味・関心をくすぐるような保育環境を構成し、子どもが自発的に積極的に生活を展開しようとする「状況づくり」を行うことです。保育者は、子ども自身の思いや考えをまるごと受け止めることを重視して、子どもが自らやろうとした気持ち、自らやり遂げようとした気持ちを尊重します。大人からみると遠回りで失敗が予測され不完全と感じることでも、子どもが試行錯誤する機会や納得するまで取り組める時間的ゆとりを十分確保することが求められます。

　また、子ども同士の関係の深まりを期待し、子どもが必要感をもって積極的に環境とのかかわりを求めるような「状況」を生み出す環境を作ります。保育者は子どもたちが気づき、自分たちで工夫できる機会を意図して「少し不便な環境」、「子ども同士の考えがぶつかってしまう場面」を作ることも重要です。保育者は、子どもたちから「あれが欲しい」、「これがないと困る」という声があがることを期待しつつ、子どもたちと一緒に考えたり、話し合ったりしながら、園生活を創造することを常に意識することが大切です。

（3）第三ステージ「情況づくり」

　第三ステージでは、子どもが、自分たちのもち合わせている気持ちや考えを伝え合ったり受け入れ合ったり認め合ったりできる暮らしを作ることが大切です。保育者の基本姿勢は、園生活の主体である子どもが、自己の力を発揮し、仲間とともに考え工夫して生活することの楽しさや充実感を感じる、心の育ちを意図した「情況づくり」を行うことです。子どもの自立的・主体的な生活の背景には、保育者の助言や影のサポートがあることも事実です。保育者は、子ども同士で知恵を出し合い、力を合わせて、時には失敗を乗り越えて、成功体験へと導くことが求められます。こうして育まれた自主性・協同性の基礎が、小学校教育での学習につながる有用な力となるのです。

　また、子どもの自主性・協同性を育むためには、子ども同士の間に共有された目的や課題意識のもと、子ども同士が自分の気持ちを伝えることのできる信頼関係が基盤になります。互いに相手の考えを聞く力や相手の思いを汲み取れる力を育むことも大切です。保育者は、子ども一人一人の思いや性格、周りの子どもの反応等を見守り、必要に応じて遊びや話し合いに介入する場面もあります。保育者として、子どもの心の育ちを見極める力、子どもが主体となって、園生活を展開しようとする姿を認める心を磨き続ける人でありたいものです。

2. 育ての心

倉橋惣三「育ての心（上）」に記された言葉を紹介します。

> ●倉橋惣三「育ての心　序　より」
> 　自ら育ちものを育てさせようとする心、それが育ての心である。世にこんな楽しい心があろうか。それは明るい世界である。温かい世界である。育つものと育てるものとが、互いの結びつきに於いて相楽しんでいる心である。
> 　育ての心。そこには何の強要もない。無理もない。育つものの偉きな力を信頼し、敬重して、その発達の途に遵うて発達を遂げしめようとする。役目でもなく、義務でもなく、誰の心にも動く真情である。（中略）それにしても、育ての心は相手を育てるばかりではない。それによって自分も育てられてゆくのである。我が子を育てて自ら育つ親、子等の心を育てて自らの心も育つ教育者。育ての心は子どものためばかりではない。親と教育者とを育てる心である[8]。

　子どもは自ら育ち、自ら伸びようとする力をもっています。これは、乳児期の子どもたちも同様です。子どもと携わり、子どもを育て、子どもを教育する大人は、子どもの無限の可能性を尊重し、子どもの心のなかにある思いに耳を傾けられる存在でなければなりません。そのためには、子どもの前では常に新鮮な気持ちで、誠実であることが不可欠です。なぜなら、幼い子どもたちの目には保育者の姿が映り、保育者の表情、言葉、しぐさ、抱かれた心地よさ、触れられた感触などすべてから愛情を感じ取り育っていくのです。保育者の存在が子どもを育むのです。保育者は、常に自分の姿、心のもち方を省察することが大切です。

　続いて、ある幼稚園の園長先生の言葉を紹介します。（幼稚園園長50代女性）

> 「実習で来てくれる学生さんの言葉がけや子どもへの接し方をみていると、とても勉強になるんです。子どもの声を丁寧に聞き、子どもがやろうとする姿をじっくり待ってくれる。学生さんが子どもにかける言葉がとても優しく温かくて、参考になることもたくさんあります。
> 　私たちはこれまでの経験から、気がつくと自分勝手に判断してしまい、無意識に・・・反射的に働きかけを行ってしまっていることが多々あります。また、保育の流れや全体のことを考えると、ついつい子どもを急かしたり、口調がきつくなっていたり。反省ですね」

　保育現場で働いている保育者でも、日々より良い保育とは何か、子どもに必要なかかわり方、言葉がけ、援助方法等について模索しています。保育現場では、「実習生（学生）から学ぶことがたくさんある」と多くのベテラン

保育者が話します。実習生の全力で精いっぱい子どもと向き合おうとする気持ち、常に子どもから、実習生（学生）から、若い保育者から、同僚から、先輩保育者から、保育のヒントを得ようと真摯に保育に向き合う気持ちが、「育ての心」の原点にあると思われます。

そして、この「育ての心」は、子どものためにだけあるのではなく、子どもに携わることで、自らを育てることにもつながっているのです。幼稚園でのエピソードを紹介します。

エピソード（1）　「せんせい、だいじょうぶ？」（3歳児）

（幼稚園教諭20代女性）

> 2月のある日、体調を崩していた私は、病院で診察を受け、すこし遅れて登園すると、マスク姿の私に気がついた子どもたちが駆け寄ってきました。「せんせい、だいじょうぶ？」と冷たい手で私の手を握り、おしりを支え、私の荷物を持って、保育室まで連れて行ってくれました。
>
> 保育室の真ん中に、ベッドに見立てた園児用の椅子が並べられ、寝かされました。「せんせい、寒くない？」と体の上には、自分たちのジャンバーが次々とかけられました。おでこには、水道でぬらしたハンカチが当てられています。いつもは、にぎやかでお友だち同士がぶつかってしまうクラスでしたが、ガリバーのように横たわる私の看病をしながら、保育室で静かに過ごす子どもたち。暴れたり、泣いたりする子どもは一人もいませんでした。
>
> 子どもたちのやさしさ、判断力、生活経験の豊かさに感心しました。普段とは違う子どもの姿を頼もしく感じました。私は、子どもに寄り添いやさしくできていたのかな、子どもたちの心の育ちを理解できていたのかな、と子どもたちが帰った後の保育室で、自分の保育を振り返りました。

子どもたちは、自分たちの生活経験を手がかりにして、大人が想像する以上に状況を理解できる部分があります。この保育者は、子どもたちのやさしさや先生を休ませようとする姿から、自分のかかわり方を振り返っています。また、日ごろはにぎやかでトラブルも多いクラスですが、この日は静かに1日が過ぎていきました。子どもたちの意外な行動に直面したことで、子どもたちのなかに育っている力を認め、自らの保育のあり方をみつめ直すきっかけにもなったようです。

保育者は、子どもを育てよう、いい保育をしよう、いい先生になろうと、日々模索し、悩み、努力しています。なかには、とにかく必死で、じっくりと自分の保育について振り返る気持ちのゆとりがもてない保育者もいるかも

第12章 これからの保育のために

しれません。このような努力や全力で保育に臨む気持ちはとても尊いものです。しかし、目の前の子どもの姿にじっくり目をむけると、子どもたちの姿のなかに解決の糸口や保育のヒントをみつけられることがたくさんあります。子どもと向き合うこと、子どもとともに暮らすなかで、保育者として、人として大切にもち続けなければならないことを、子どもたちは教えてくれるのです。

Q 次のエピソードを読んで保育者としての働き方を考えてみましょう。

エピソード (2)　保育者としてのこれまでを振り返って

（保育所保育士 30 代男性）

> 「子どもが好き」、「人とかかわることが好き」と漠然と考えていて最初は幼稚園教諭になりました。しかし、いざ仕事についてみると、そのなかで、（教職員のなかでの）人間関係のつらさがありました。その園には、私しか男性保育者はいなかったので、失敗したら目立ちました。先生たちの間で、「あなた駄目ねえ」といわれているんじゃないかという気が、いつもしていました。その園は結局 1 年で辞め、別の幼稚園で 3 年ほど勤めた後、他の仕事もチャレンジしてみたくなって保育とは関係ない一般企業にも勤めました。しかし、やはり、「子どもが好き」という気持ちをどうしても忘れることができず、現在の保育園に勤めて 6 年目になります。今は、4 歳児の担任をしています。子どもたちとプール遊びをしたり、運動会をしたり、どんぐりで何かを作ったり、もちつきをしたりと、他の仕事では味わえない、保育者の魅力は、季節を感じながら子どもとともに成長できることだと思います。

ホップ　保育士の働き方について、あなたが共感できる部分と共感できない部分について自由に書き出してみましょう。

....

....

....

ステップ あなたが共感できる部分と共感できない部分について書き出したものをもとに、グループで話し合ってみましょう。

ジャンプ あなたは保育者として何を重視して働きますか。文章にまとめてみましょう。

【引用文献】
1）ルソー，J.J.・今野一雄訳『エミール』岩波書店　1967 年
2）田中亨胤・尾島重明・佐藤和順『保育者の職能論』ミネルヴァ書房　2012 年
3）デューイ，J.・宮原誠一訳『学校と社会』岩波書店　1957 年
4）倉橋惣三『倉橋惣三の「保育者論」』フレーベル館　1998 年　pp.26-28
5）灰谷健次郎『灰谷健次郎の保育園日記』新潮文庫　1991 年　p.12
6）津守真『子ども学のはじまり』フレーベル館　1994 年
7）柏まり・田中亨胤「保育の中の子どもと保育者」田中亨胤・尾島重明・佐藤和順編著『保育者の職能論』ミネルヴァ書房　2012 年　p.13
8）倉橋惣三『育ての心（上）』フレーベル館　2008 年　pp. 3 - 4

・編著者紹介

小川　圭子（おがわ　けいこ）

兵庫県生まれ。筑波大学大学院人間総合科学研究科修了 博士（学術）。
大阪信愛学院大学教育学部教授。専門は幼児教育学・保育学。
「発達障害児を担当する保育者の研修内容の構成に関する研究」「協同する経験を豊かにするための保育者の援助に関する研究」「地域に根ざした子育て支援に関する研究」などを行っている。

・主な著書
『保育実践にいかす障がい児の理解と支援［第2版］』（編著）嵯峨野書院　2017年
『新・保育原理［第3版］－すばらしき保育の世界へ－』（共著）みらい 2016年
『子育て支援の理論と実践』（共著）ミネルヴァ書房　2013年
『保育と環境［第2版］』（編著）嵯峨野書院　2014年
『プロとしての保育者論』（共著）保育出版社　2012年
『乳幼児保育の理論と実践』（共著）ミネルヴァ書房　2008年　ほか

＜メッセージ＞
　事をなす前から無理という人がいます。「できる、できないは、まず、やってみてから」です。
　「字をかく」「汗をかく」「恥をかく」の3つのかくに挑戦しよう。

シリーズ 知のゆりかご
保育者論－子どものかたわらに－

2017年9月20日　初版第1刷発行
2024年9月20日　初版第6刷発行

編　　集	小川　圭子
発 行 者	竹鼻　均之
発 行 所	株式会社 みらい

〒500-8137　岐阜市東興町40　第5澤田ビル
TEL　058-247-1227（代）
FAX　058-247-1218
https://www.mirai-inc.jp/

印刷・製本　サンメッセ株式会社

ISBN978-4-86015-412-7 C3337
Printed in Japan　　　　　　　乱丁本・落丁本はお取り替え致します。